孔 勇◎编著

别让管理再蒙人

管理者如何管好自己的手下，又要让下属心服口服？如何把事情处理得顺顺当当？这里面潜藏着极大的学问。一个成功的管理者必须是思考力、判断力和实践力都很强的多面手。

打造企业最优良的管理机构

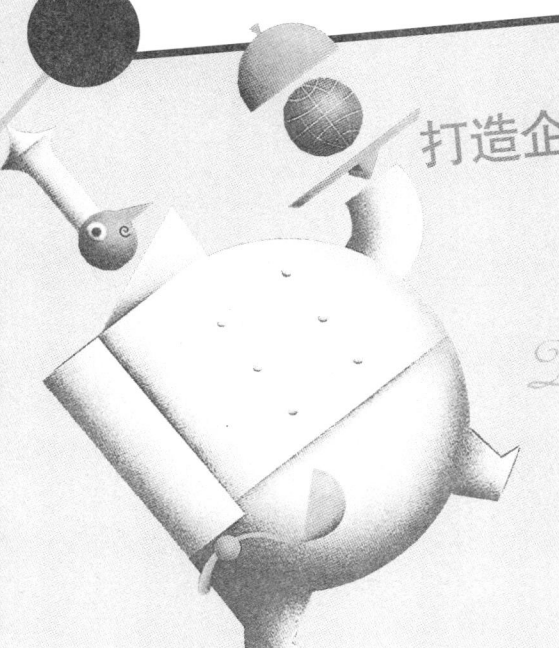

Bierang Guanli
Zai Mengren

中国华侨出版社

图书在版编目（CIP）数据

别让管理再蒙人/ 孔勇编著. —北京：中国华侨出版社，
2011.7（2014.8修订版）
ISBN 978－7－5113－1488－8

Ⅰ.①别… Ⅱ.①孔… Ⅲ.①企业文化－通俗读物
Ⅳ.①F270－49

中国版本图书馆CIP数据核字（2011）第103930号

● **别让管理再蒙人**

编　　著/	孔　勇
责任编辑/	严晓慧
封面设计/	纸衣裳书装
经　　销/	新华书店
开　　本/	710毫米×1000毫米　1/16　印张/20　字数/221千字
印　　刷/	北京溢漾印刷有限公司
版　　次/	2011年7月第1版　2014年9月第2次印刷
书　　号/	ISBN 978－7－5113－1488－8
定　　价/	34.80元

中国华侨出版社　　北京朝阳区静安里26号通成达大厦3层　　邮编100028
法律顾问：陈鹰律师事务所
编辑部：（010）64443056　　64443979
发行部：（010）64443051　　传真：64439708
网　　址：www.oveaschin.com
e－mail：oveaschin@sina.com

前言

　　管理是为了解决问题，这恐怕是毫无疑问的事。但现在企业的管理者越来越多，管理者嘴里的名词和知识也越来越多，企业引入的管理方法也越来越多，与此相反的是企业的问题同样越来越多。我们看不到企业的问题有被"管理"解决掉的趋势，我们看到的倒是"管理"对"问题"的无奈，看不到管理对企业的有效贡献和价值。

　　是管理者尸位素餐？错。凡是到过企业，特别是制造型企业的人都明白，企业的管理者总是像救火队员一样上蹿下跳，忙得不亦乐乎，甚至焦头烂额。

　　是管理的知识错了？也不是。这些管理的知识都是前人智慧的结晶，同时也是企业实战经验的总结，有诸多的案例可以佐证，怎么会错。

　　是管理的方式有问题？在别的企业有用的方式在我们的企业就没用了吗？没有道理呀。那么，究竟错在哪里？错在我们走偏了！偏在我们的理念上。

　　企业管理的本质是将企业的人的能动性调动起来，用好企业的资源，达成企业的目标。其他的都是手段和方法。

　　管理的这一本质，就决定了我们一切管理活动的出发点都应该是企业现有的人，必须依靠他们，调动他们的积极性，才能解决企业的问题。

但在现实的管理活动中，我们的管理理念是与此相违背的。多少人张口闭口就说："我们的制度就是落不了地。"你的制度要落地干吗？你为什么会有一个需要落地的制度呢？

有些人可能会说："没有制度，怎么管理企业？没有制度，员工还怎么管？"问题是，你为什么要把员工当成管理的对象呢？你为什么要去管员工？

员工是拿来管的吗？

员工是聘来做事的。离开了做事，何谈管理。管理是要为做事服务的。员工在做事，所以，管理是为员工服务的。

如果我们换一种思维：员工做事，企业得以正常运转，这是对大家都有利的事。企业有效益，员工有收入，完全是相辅相成的关系，我们为什么还要觉得员工难管呢？难道他们就不想把事做好？不做事他们能挣到钱吗？天上不会掉馅饼的道理还需要谁去教吗？进一步讲，员工就不希望成长吗？他们就愿意一辈子这样，满足于这点工资吗？根本就不可能！

所以，管理从根本上来讲，它来源于员工自身的一种要求。既然是员工内在的一种需求，我们为什么还要使劲，定无数个制度去往下压？仿佛员工根本不需要管理，根本就不希望管理，是我们管理者要管理。

管理是员工需要的，但我们强加给员工的管理是员工不需要的，尽管都叫做"管理"，但本质上根本就不同。好的管理者应该像一个爱好者，热爱自己的事情胜过爱这些事带来的利益；同时，又喜欢不断地默默无闻地雕琢自己的产品，耐得住寂寞，总是向自己挑战，最终名副其实地成为自己这个领域的专家。

管理二字是需要耗费一个人毕生心血的字眼，没有笨拙精神的聪明人是吃不了这碗饭的。

本书是一本种植新思维、新观念的书，是一本推动自主创新的书，是传播新的管理方式和新的经营方式的书，是一本融知识、智慧、管理艺术与经营艺术于一炉的书。希望广大读者喜欢并能够从中真正受益。

目录

第一章 管理不只是领导的事
——搭好支撑领导权力的架子

管理从来不是领导一个人的事，而是整个组织的事。管理之前，必须先搭一个强有力地个撑领导权力的架子。所谓搭"架子"，就是建立起一个使领导意志得以高效贯彻的组织结构。一个企业的组织结构包括其内部的机构设置、岗位职责定位以及良性的运转机制。一个好的组织结构应该是使企业具有高效的运转效率，使优秀人才脱颖而出，使正确决策得以通过实施，使重大失误得以避免的决策体系。

1. 组织中最忌讳越级报告 ················· 2
2. 领导者不可盲目心慈手软 ················ 3
3. 个人是组织这张大网上的网点 ············· 5
4. 各安其位，各尽其职，各得其利 ··········· 7

5. 给员工一个提高自我的机会 …………………………… 9
6. 每个人都可以按自己的方式管理自己 ………………… 10
7. 组织须给成员一个努力的方向 ………………………… 14
8. 领导者要善于适时放弃,扬长避短 …………………… 16
9. 合理而有效地奖励员工 ………………………………… 17
10. 人员安排需以实效为标准 ……………………………… 20
11. 过分集中的权力容易导致腐败 ………………………… 21
12. 理智对待与异性下属的关系 …………………………… 23
13. 适时为员工变换工作岗位 ……………………………… 24
14. 制度是一个组织的原则,不容破坏 …………………… 25
15. 示范的力量不容轻视 …………………………………… 27
16. 管理者无需事必躬亲 …………………………………… 29
17. 与手下保持畅通的信息沟通 …………………………… 30
18. 培养并给予员工合适的工作岗位 ……………………… 31
19. 拥有一颗爱护员工的心 ………………………………… 32
20. 塑造自己的人格魅力 …………………………………… 33
21. "默无声息"的管理 …………………………………… 34
22. 感激指出你缺点的人 …………………………………… 36
23. 想让别人爱你,你得先去爱别人 ……………………… 38
24. 为失去而感恩 …………………………………………… 39
25. 离你最近的才是最佳目标 ……………………………… 40
26. 把理想与现实结合起来 ………………………………… 41

第二章　管理者不是高高在上
——懂得激励才会有效率

管理者并不是高高在上的，好的管理者知道如何激励自己的员工，而好的激励形式能产生更高的效率。有效的激励有不同的方式，物质的、精神的、表扬的、批评的、升职的、降职的等等。这如同孙悟空手里的金箍棒，如果想不断提高工作、生产效率，只须轻轻挥舞这根伸缩如意的棒子就行了。

1. 用关爱激励你的员工 ················ 44
2. 恰当地运用手上的资源 ················ 47
3. 赞美是给予肯定的一种形式 ················ 48
4. 机会是靠自己创造出来的 ················ 49
5. 不同的人的时间价值也不一样 ················ 51
6. 率队突破难关 ················ 52
7. 激励方式要因人而异 ················ 54
8. 压力催发动力 ················ 55
9. "恩"不可乱施 ················ 56
10. 别为下属频设"玻璃墙" ················ 58
11. 任免得当，优胜劣汰 ················ 60
12. 鲶鱼效应 ················ 61
13. 知人善用，公正公平 ················ 63

14. 控制好自己的脾气与嘴巴 …………………………… 64
15. 透过表面看深层 …………………………………… 65
16. 赞美要恰到好处 …………………………………… 67
17. 痛苦的经历会让员工更成熟 ………………………… 69
18. 要适当地"放手" …………………………………… 70
19. 赏罚并行，对症下药 ……………………………… 71
20. 以事实为准绳 ……………………………………… 73
21. 管理者要有自己的立场 …………………………… 74
22. 一手拿"萝卜"，一手挥"大棒" ………………… 76
23. 认准目标，矢志不移 ……………………………… 77
24. 为目标分段 ………………………………………… 78

第三章 管理者的水平不容忽视
——领导看多远团队就走多远

对于一个团队而言，领导者设定的目标是照亮前进路途的灯塔。以目标为盾，困难、障碍之矛就显愚钝得多。一个好的目标既不能鼠目寸光，也不能好高骛远，它彰显的是管理者的智慧。而快速、正确的决策是缩短起点与目标距离的有效途径。这就需要管理者必须具备很高的管理、决策水平。

1. 有了目标，工作才有快乐 …………………………… 82

目录 CONTENTS

2. 让员工看到回报 …………………………… 83
3. 出发之前，要先有目标 …………………… 85
4. 盯住目标不放 ……………………………… 87
5. 细化目标 …………………………………… 89
6. 选好"参照物" …………………………… 90
7. 把目标放在心里 …………………………… 92
8. 适当放大工作的意义 ……………………… 94
9. 认清目标，认清自己 ……………………… 95
10. 透过态度看清人 …………………………… 97
11. 冷静决策 …………………………………… 99
12. 不要在意别人的议论 ……………………… 100
13. 决策前多思考，实施后勿"累脑" ……… 102
14. 领导者应侧重于未来 ……………………… 104
15. 工作就是不找任何借口地去执行 ………… 105
16. 目标的高度决定努力的程度 ……………… 107
17. 理性地制定目标 …………………………… 108
18. 不要抹杀下属的个性 ……………………… 109
19. 管理者应未雨绸缪 ………………………… 110
20. 预防重于治疗 ……………………………… 111
21. 有些事并不像它看上去那样 ……………… 112
22. 给予下属发展的空间 ……………………… 114
23. 实现"合作博弈" ………………………… 115
24. 认清事情的本末 …………………………… 116

25. 许多危险源于自身 …………………………………… 117
26. 习惯是一把双刃剑 …………………………………… 118
27. 培养忧患意识 ………………………………………… 119
28. 什么样的选择决定什么样的生活 …………………… 120

第四章　管理并不只是"指点江山"
——行动与落实决定领导成败

有了适当的目标和正确的决策,有的领导自认为只需要"指点江山"就可以高枕无忧了。实际上,要达到自己想要的效果,还有很长的一段路要走,这一段路就是行动与落实。每一位领导都会有这样的感叹:一个多么好的机会,一个多么出色的主意,因为行动的迟缓错失、落空了;一个多么好的方案,因为落实不力而完全改变了初衷;一个多么宏伟而切实的目标,因为执行的偏差变得黯淡无光。是的,行动、落实一样决定事情的成败。

1. 实践是理论的基础 …………………………………… 122
2. 说一尺不如行一寸 …………………………………… 123
3. 只有不断向前,才能不被超越 ……………………… 124
4. 让员工按自己的想法去做 …………………………… 125
5. 保持积极的工作态度 ………………………………… 127
6. 经验有时不可靠 ……………………………………… 128
7. 工作态度体现人的素质 ……………………………… 130

目录 CONTENTS

8. 随着环境的变化而变化 …………………………………… 131
9. 工作要脚踏实地 …………………………………………… 133
10. 适应是智者生存之道 ……………………………………… 134
11. 重视实践，不为理论所困囿 ……………………………… 135
12. 细节决定成败 ……………………………………………… 137
13. 在平凡的岗位上做出不平凡的业绩 ……………………… 138
14. 忽视细节，让人失去大机会 ……………………………… 139
15. 贵在坚持 …………………………………………………… 141
16. 对失误的掩饰是更大的错误 ……………………………… 143
17. 学会调控自己的情绪 ……………………………………… 144
18. 做个好听众 ………………………………………………… 145
19. 决策需要行动作保障 ……………………………………… 147
20. 质量是企业的命脉 ………………………………………… 148
21. 行动比想法更重要 ………………………………………… 149
22. 走动式管理 ………………………………………………… 151
23. 制度要有弹性 ……………………………………………… 152
24. 管理需注重技巧 …………………………………………… 153
25. 管理应有所为有所不为 …………………………………… 154
26. 生活是自己创造的 ………………………………………… 155

第五章　管理怎能不用人
　　——领导的学问就是用人的学问

　　在企业的诸多管理要素中，人力资源管理的重要性无论怎样强调都不过分。因为人是其中最活跃、最富创造性又最难于把握的因素。领导者如果能把这一因素充分调动起来，一个企业便永远充满生机。

1. 以诚实为标准取舍人才 …………………………… 158
2. 有能力不如德馨 …………………………………… 160
3. 傲慢的代价 ………………………………………… 161
4. 打开员工的心锁 …………………………………… 163
5. 路遥知马力 ………………………………………… 164
6. 用好员工的缺点 …………………………………… 166
7. 欲成大事，先做好小事 …………………………… 167
8. 将员工放在合适的岗位上 ………………………… 169
9. 最大限度地利用人力资源 ………………………… 170
10. 对人才也不可放纵 ………………………………… 172
11. 给员工一点压力 …………………………………… 173
12. 见人之长，用人之长 ……………………………… 175
13. 为员工设立竞争对象 ……………………………… 177
14. 人才，不能只在需要之时才想起他 ……………… 178
15. 唯才是用，才能战无不胜 ………………………… 180

16. 用人要用得恰到好处……………………………………… 181
17. 用人得当，事半功倍……………………………………… 183
18. 用人当用其所长…………………………………………… 184
19. 没有教训与没有经验一样………………………………… 186
20. 因才定位，才当其位……………………………………… 187
21. 将员工合理搭配…………………………………………… 190
22. 帮助别人，成全自己……………………………………… 193

第六章　管理是一门艺术
——要讲究领导艺术的方式方法

　　同样一个问题，以不同的方式方法去解决，结果会迥然不同。在管理实践中，问题千奇百怪，这就要求领导者以灵活的方法，谈笑间使之化解于无形，这就是领导的艺术。

1. 避免与员工发生矛盾……………………………………… 196
2. 调整心态去适应环境……………………………………… 197
3. 机会总是青睐有准备的人………………………………… 199
4. 要解决问题，须抓住本质………………………………… 200
5. 做好计划，用好时间……………………………………… 201
6. 利用一切可以利用的资源………………………………… 203
7. 领导者自信，才能赢得信任……………………………… 205
8. 不要将问题复杂化………………………………………… 206

9. 人心齐，泰山移 …………………………………… 207
10. 面对比躲避更能解决问题 ……………………… 209
11. 给员工创造成长的环境 ………………………… 210
12. 让下属在"享受"中工作 ………………………… 211
13. 越追求完美，越得不偿失 ……………………… 213
14. 遇事与员工商量 ………………………………… 214
15. 给员工一点宽容 ………………………………… 216
16. 改变命令的口吻，委婉表达意见 ……………… 217
17. 给员工"磨刀"的空间 …………………………… 218
18. 尊重不是靠命令得来的 ………………………… 219
19. 破窗理论 ………………………………………… 222
20. 留个"缺口"给他人 ……………………………… 223
21. 先给"黄连"，后给"糖果" ……………………… 225
22. 拔出"刺头" ……………………………………… 227
23. 南风法则 ………………………………………… 229
24. 有效管理应注意个体差异 ……………………… 230

第七章 管理怎能不创新
——学习与创新为组织注入活力

一个高明的领导者总是善于和乐于以学习、创新作为组织活力的源泉，因为他深知，一个学习型组织才有可能实现可持续性发展。学习让人提高，学习给人提供创新的能源。创新往往与直接的效益相距较远，却是实现企业效益最大化的根本保证。

1. 10年经验，不过是10次经验 ································ 232
2. 时刻学习，才有希望 ·· 233
3. 常变常新 ·· 234
4. 大人常怀赤子心 ·· 236
5. 让自己变得更强 ·· 237
6. 用自己的尺度衡量自己 ····································· 238
7. 机会孕育在创新中 ··· 241
8. 培养创新思维 ··· 242
9. 停滞是创新的坟墓 ··· 244
10. "疯子"未必不是能人 ······································ 245
11. 成功取决于激情 ··· 247
12. 不要固执于自己的经验和本能 ·························· 248
13. 好的团队，应该是学习型的团队 ······················· 249
14. 让员工充分发挥自己的才能 ····························· 251
15. 活到老，学到老 ··· 253
16. 营造和谐的内部气氛 ······································ 254
17. 倚老卖老，易栽跟头 ······································ 255
18. 执著、创新与坚持，一样不能少 ······················ 256
19. 此路不通就绕行 ··· 258
20. 忘记过去，一直往前看 ··································· 259
21. 思维不可僵化 ·· 260

第八章　管理不是领导
——领导者需营造和谐气氛

好的管理者会把管理与领导巧妙地区分开。团队成员关系不是简单的私人关系，领导者不能光盯着目标和任务，还要善于营造一个积极、健康的团队氛围。员工一天工作8小时，一周至少有5天在单位里度过，一个和谐、互助、互相激励的团队成员关系，会让大家工作起来心情愉快，效率自然更高。

1. 请善待下属 ……………………………………… 262
2. 付出才有收获 …………………………………… 263
3. 关注你的员工 …………………………………… 265
4. 为员工减负 ……………………………………… 267
5. 距离产生美 ……………………………………… 268
6. 信任是相互作用的 ……………………………… 269
7. 给人方便，就是给己方便 ……………………… 271
8. 记住恩惠，忘却怨恨 …………………………… 273
9. 抱成团，才会更强大 …………………………… 274
10. 让人一步，自己安全 ………………………… 275
11. 欲善人，先善己 ……………………………… 277
12. 作出适合自己的选择 ………………………… 278
13. 人和万事兴 …………………………………… 280

目录 CONTENTS

14. 管理者应有点雅量…………………………………………281
15. 疏导下属的情绪……………………………………………283
16. 尊重你的员工………………………………………………285
17. 满足下属的成就感…………………………………………288
18. 从错误中发现成功的契机…………………………………289
19. 爱的力量……………………………………………………290
20. 让团队充满爱………………………………………………292
21. 培养自己的影响力…………………………………………294
22. 不做"棒打鸳鸯"之事……………………………………295
23. 管人先管己…………………………………………………296
24. 成功者创造机会……………………………………………297
25. 成功绝非偶然………………………………………………298
26. 生活何必太紧张?…………………………………………299

第一章

管理不只是领导的事
——搭好支撑领导权力的架子

　　管理从来不是领导一个人的事,而是整个组织的事。管理之前,必须先搭一个强有力地个撑领导权力的架子。所谓搭"架子",就是建立起一个使领导意志得以高效贯彻的组织结构。一个企业的组织结构包括其内部的机构设置、岗位职责定位以及良性的运转机制。一个好的组织结构应该是使企业具有高效的运转效率,使优秀人才脱颖而出,使正确决策得以通过实施,使重大失误得以避免的决策体系。

1. 组织中最忌讳越级报告

组织中最忌讳越级报告。如果听取报告的领导相信了这些报告，并要求被跳级的中间主管有所改变，必将损害中间主管的领导指挥权，同时也等于鼓励部属不通过正当沟通渠道表达意见。管理者的主观愿望本来是想加强管理，如此做反而造成了管理混乱。

温暖的阳光照在一大片青翠的草原上，一大群绵羊正在啃噬着肥美多汁的青草。依照牧羊犬和羊群的协议，绵羊们不可以随意脱离羊群，以避免走失或受到野狼的攻击。因此，牧羊犬正机警伶俐地在四周跳跃奔跑，不断把跑出羊群的小羊赶回队伍里面。

几只贪玩而少不经事的小羊，似乎已经对牧羊犬这种尽忠职守的行为产生了反感，它们决定向牧人告状："亲爱的主人，你知道牧羊犬是多么可恶吗？它毫无道理地限制我们的活动范围，让我们没有足够的空间跑和跳，你知道这样会影响我们的发育的。"小羊说。

于是，不明就里的牧人把牧羊犬责骂了一顿，同时命令牧羊犬从此以后不可以限制羊群的活动。小羊们得了自由，它们不时地离开队伍，乐不思蜀。一段日子以后，羊群的数目越来越少了，树林里和草原上不断出现喉咙被咬断的小羊尸体。因为，牧羊犬已经变成了"不管事先生"。

领导者绝不能鼓励越级报告，因为越级报告妨害组织的有序运转,使上下级矛盾滋生、各自为政,各种固有弊端更难改变了。本来处长直接听命于老板,科长直接听命于处长是既定的管理程序,但老板直接指挥科长,处长就被冷落一旁,要么不闻不问"混日子"、要么愤而辞职。科长呢?一时受老板直接指挥可能受宠若惊,而实际上的上司仍是处长,而处长此时已无心管科长,科长也有可能不把处长放在眼里,双方的上下级关系就会演变为"冷战"状态,谁还有心思同心协力开展工作呢?

这样一来,员工们(当然也包括科长、处长)就会觉得原本属于自己份内的工作,老板也直接管,那何必再为工作费心呢?于是,很多原属科长、处长职责范围内的具体工作,也被以"那是老板直接管的,不便过问"为托词而无人管了。

2. 领导者不可盲目心慈手软

领导者制定的组织理念决定其成员以何种付出方式获取报酬。一个积极、健康的组织管理理念,会使组织里那些喜欢不劳或少劳而获的"乞丐"式员工学会用劳动换取相应的报酬。

一个乞丐来到一个庭院,向女主人乞讨。这个乞丐很可怜,他的右手连同整条手臂都断掉了,空空的袖子晃荡着,让人看了很难过,碰上谁都会慷慨施舍的,可是女主人毫不客气地指着门前一堆砖对乞丐说:"你帮我把这砖搬到屋后去吧。"

乞丐生气地说:"我只有一只手,你还忍心叫我搬砖。不愿给就不给,何必捉弄人呢?"

女主人并不生气,俯身搬起砖来。她用一只手搬了一趟,说:"你看,并不是非要两只手才能干活。我能干,你为什么不能干呢?"

乞丐怔住了,他用异样的目光看着妇人,尖突的喉结像一枚橄榄上下滑动了两下,终于,他俯下身子,用他那唯一的一只手搬起砖来,一次只能搬两块。他整整搬了两个小时,才把砖搬完,累得气喘吁吁,脸上有很多灰尘,几绺乱发被汗水濡湿了,歪贴在额头上。

妇人递给乞丐一条雪白的毛巾。乞丐接过去,很仔细地把脸和脖子擦一遍,白毛巾变成了黑毛巾。

妇人又递给乞丐20元钱。乞丐接过钱,很感激地说:"谢谢你。"

妇人说:"你不用谢我,这是你自己凭力气挣的工钱。"

乞丐说:"我不会忘记你的,这条毛巾也留给我作纪念吧。"说完他深深地鞠了一躬,就上路了。

几年后,那名乞丐成了一家公司的董事长。

公司创办后,渐渐地成长,不能否认某些创业元老的贡献。但由于时代的变迁,这些因有功而位居要职的人,有不少人已不能适应新时代的需要。但第二代的经营者,却碍于情面,不便辞退这些人,以致公司倒闭。

许多成功的管理者都极力避免类似现象在自己的公司发生。比尔·盖茨在微软公司内部推行了达尔文主义:"适者生存,不适者淘汰",不以论资排辈的方式决定员工的职位与薪资待遇,而向能够提供高生产效率的员工提供高额的薪水;员工的提拔升迁完全取决于个人成绩。同时微软公司采取严酷的定期淘汰制度,每半年考评一次,并且淘汰5%的员工。

正因为以上种种措施,微软公司在二十多年的激烈市场竞争中始终保持着活力,飞速发展。

俗话说"请神容易送神难",解雇图谋不轨的员工,解雇不称职的下属,安排以功臣自居的创业元老,对企业经营者来说往往是一件头痛的事。这里提醒你,作为领导者,万万不可盲目心慈手软,"炒鱿鱼"时手不要哆嗦,一定要坚决果断。其方法策略也要十分讲究。

3. 个人是组织这张大网上的网点

一个组织机构就是一张网,个人就是组成这张网的网点,不管你做什么事,你都会与你周围的那几个点发生某种关系。组织的意义之一在于,给成员提供最佳合作的机会。

1983年春天,玛格丽特·派崔克抵达"东南老人中心",开始了她的物理治疗的独立生活。当该中心员工米莉·麦格修将玛格丽特介绍给中心人员时,她注意到玛格丽特看钢琴的那一瞬间流露出痛苦的表情。

"怎么了?"米莉问。

"没什么,"玛格丽特柔声说,"只是看到了钢琴,勾起我许多回忆。"米莉瞥向玛格丽特残废的右手,默默地聆听眼前这名黑人妇女谈起她音乐生涯的辉煌过去。

"你在这里等一下,我马上回来。"米莉突然插口说。一会儿,她回来了,身后紧跟着一位娇小、白发、带着厚重眼镜,并且使用助步器的女人。

"这是玛格丽特·派崔克。"米莉帮她们互相介绍,"这是露丝·艾因柏格。"米莉笑道:"露斯也弹钢琴,但她跟你一样,自从中风后,她就没办法弹了。露斯有健全的右手,而你有健全的左手,我有种感觉,只要你们互相合作,一定可以弹出好作品来。"

"你知道萧邦降D调的华尔兹吗?"露丝问,玛格丽特点点头。

于是两人并肩坐在钢琴长椅上。两只健全的手——一只是黑色,有纤长优雅的手指;另一只手是白色,有短胖的手指——很有节奏感地在黑白键上滑动。从那天起,她们就一起坐在键盘前——玛格丽特残废的右手搂住露丝的背部,露丝残废的左手搁在玛格丽特的膝上。露丝健全的手弹主弦律,玛格丽特灵活的左手弹伴奏弦律。

她们的音乐曾在电视上、教堂里、学校中、康复中心、老人之家给许多听众带来快乐。坐在钢琴长椅前,她们共享的东西不只是音乐。除萧邦、巴哈和贝多芬的音乐外,她们发现彼此的共通点比想象中的要多得多——两人都是很好的祖母和寡妇,两人都失去了儿子,两人都有颗奉献的心,但若失去了对方,她们什么也办不到。两人同坐在钢琴长椅前,露丝听见玛格丽特说:"我被剥夺了音乐,但上帝给了我露丝。"显然地,这些年来她们并肩而坐,玛格丽特的某些信仰已经影响了露丝,露丝说:"是上帝的奇迹将我们结合在一起。"

领导者要让下属明白一个人的力量是很有限的,个人的力量再大也很难突破时间、环境所设下的障碍,只有相互帮助,才能战胜困难。

团队作为群体的一种形式,必然具备群体的各项特征。团队意识可以说是建立高效工作团队的理论基础。群体的行为不等于群体中各个成员个人行为的简单的算术和,群体与个人的关系是总体大于部分之和,即群体绩效大于各个成员的绩效之和,因为群体的行为是集体的行为,能够产生一种新的行为效果。

4. 各安其位,各尽其职,各得其利

各安其位,各尽其职,各得其利,这是一个组织运转正常的表现。相反,如果上下不和谐,就给那些无事生非者提供成长的温床,这说明这个组织已经"病"了,也说明你这个领导也是不称职的。

一棵高大的橡树上住着三种动物。老鹰在树梢上筑巢养育幼雏,猫住在树干中间,生下几只小猫,野猪一家则藏身大树根处的洞里。它们和谐相处,其乐融融。

可是猫却想独占整棵大树,于是想了一个坏主意。它爬到上面

老鹰那里，对它说："下面的野猪天天向上拱，迟早会把我们的大树拱倒，那时我们就成了它的盘中餐。"老鹰听了很不安。接着猫又到树下，告诉野猪："你要小心，老鹰正盯着你的孩子，你一旦出门打猎，它就会动手。"野猪也被它的话吓住了。

从此猫白天装作害怕待在家里，夜里偷偷出去觅食。而老鹰和野猪却因为听信了猫的谗言，整日守在家中不敢外出觅食。因为断了食物来源，老鹰和野猪两家坐吃山空，最后一个一个地都饿死了。猫的阴谋终于得逞，如愿以偿了。

韦尔奇说："进行工作分配和授权的主要好处是，可使管理工作变得容易。"它可使你从一些费时的、重复性的、琐碎的工作中脱身出来，使你能集中精力从事别的重要工作，比如长期的计划或新项目的开发等。事无巨细必亲躬的管理者，不仅会被弄得疲惫不堪，而且不能有效地利用公司的人力资源，自己的效率也无法提高。

从另一方面说，是否善于分配工作和授权是区别管理者优秀与否的关键要素。分配员工工作并授予权力是培养、发展员工的最好途径，因为员工可通过观察经理的工作方式，通过经理的培养和督导，学到不少东西，所分配的工作能给他们提供第一手的经验。你可以通过分配给手下有挑战性的、但不太困难的工作，并授予有关这些工作的决定权来提高你的员工的能力；随着雇员的成功工作经验的积累，再给他们增加工作难度和权力。通过有效的工作分配和授权，雇员获得了提高其自身管理技能的实践机会，你可以舒舒服服地做到"无为而治"的崇高境界。

5. 给员工一个提高自我的机会

给员工一个在"挣扎"中提高自我的机会。领导者应该给员工提供一个促使其不断突破自我的机制，这样，从员工角度讲，他可以尽快成长起来，独当一面；从组织角度讲，会增强组织的竞争力。

一天，一个茧上裂开了一个小口，有一个人正好看到这一幕。他一直在观察着，蝴蝶在艰难地将身体从那个小口中一点点地挣扎出来，几个小时过去了却进展甚缓。看样子它似乎已经竭尽全力，不能再前进一步了。

这个人实在看得心疼，决定帮助一下蝴蝶：他拿来一把剪刀，小心翼翼地将茧破开。蝴蝶很容易地挣脱出来。

但是它的身体很软弱，很小，翅膀紧紧地贴着身体。

他接着观察，期待着在某一时刻，蝴蝶的翅膀会打开并伸展起来，足以支撑它的身体，成为一只健康美丽的蝴蝶。

然而，这一刻始终没有出现！

实际上，这只蝴蝶在余下的时间都极其可怜地带着软弱的身子和瘪塌的翅膀在爬行，它永远也不能飞起来了。

这个好心人并不知道，蝴蝶从茧上的小口挣扎而出，这是生命的安排，要通过这一挤压过程将体液从身体挤压到翅膀，这样它才能在脱茧而出后展翅飞翔。

一根处于松弛状态的弹簧,给它加上一定的压力就可以弹起来。而在此,制度无疑是这根有力的弹簧,合理的制度会使人的心理弹性处于更大的张弛状态。

如果总是拿一把剪刀时刻准备帮它将茧破开,那么,这个组织里的成员只能永远是一群瘪塌着翅膀爬行的"蝴蝶"。

6. 每个人都可以按自己的方式管理自己

每个人面对同一种工作,会有不同的解决思路,每个人都想用自己的方法去解决,这是每个人的自尊心所决定的。这种想法往往根深蒂固,不易改变。领导者须明白,一个好的组织,通过有效的管理最终会让一个正确的方法成为整个组织的的员工自觉自愿去执行的工作方法。

一座城堡里关着一群小矮人。传说他们是因为受到了可怕咒语的诅咒,而被关到这个与世隔绝的地方,他们找不到任何人可以求助。小矮人们没有想到,这是神灵对他们的考验——关于团结、智慧、知识、合作的考验。

神灵希望经过这次考验,小矮人们能悟出以下道理:资讯不代表知识;分享、沟通与行动是将知识转化为成果的关键;知识通过有效的管理,最终将变成生产力。

小矮人中,阿基米德是第一个收到守护神雅典娜托梦的。雅典

第一章
管理不只是领导的事——搭好支撑领导权力的架子

娜告诉他,在这个城堡里,除了他们待的那间阴湿的储藏室以外,其他的25个房间里,有一个房间里有一些蜂蜜和水,够他们维持一段时间;而在另外的24个房间里有石头,其中有240块玫瑰红的灵石,收集到这240块灵石,并把它们排成一个圈的形状,可怕的咒语就会被解除,他们就能逃离厄运,重归自己的家园。

第二天,阿基米德迫不及待地把这个梦告诉了其他六个伙伴,其中四个人都不愿意相信,只有爱丽丝和苏格拉底愿意和他一起去努力。开始的几天里,三个人无法统一意见,于是决定各找各的,但几天下来,三个人都没有成果,倒是找得筋疲力尽,更让其他四个人取笑不已。

但是三个人没有放弃,失败让他们意识到应该团结起来。他们决定,先找火种,再找吃的,最后大家一起找灵石。这是个有效的方法,三个人很快在左边第二个房间里找到了大量的蜂蜜和水。

显而易见,一个共同而明确的目标,对于任何团队来说都非常重要。

在经过了几天的饥饿之后,他们狼吞虎咽了一番;然后带了许多分给特洛伊、安吉拉、亚里士多德和梅丽莎。温饱的希望改变了其他四个人的想法,他们后悔自己开始时的愚蠢,并主动要求要和阿基米德他们一同寻找灵石,解除那可恨的咒语。

小矮人们从这件事中,发现了一个让他们终生受益的道理:知识不过是一种工具,只有通过人与人之间的沟通、互补,才能发挥它的全部能量。

为了提高效率,阿基米德决定把七个人兵分两路:原来三个

人，继续从左边找，而特洛伊等四人则从右边找。但问题很快就出来了，特洛伊等四人根本没有任何的方向感，城堡对于他们来说像个迷宫，他们几乎就是在原地打转。阿基米德果断地重新分配，爱丽丝和苏格拉底各带一人，用自己的诀窍和经验指导他们慢慢地熟悉城堡。

喜爱思考的阿基米德，又明白了：经验也是一种生产力，通过在团体中的共享，可以产生意想不到的效果。

当然，事情并不如想象中的那么顺利，先是苏格拉底和特洛伊那组，他们总是嫌其他两个组太慢；后来，当过花农的梅丽莎发现，大家找来的石头里大部分都不是玫瑰红的；最后由于地形不熟，大家经常日复一日地在同一个房间里找灵石。大家的信心又开始慢慢丧失。小矮人们都没有注意到一个问题：阻力来自于不信任和非正常干扰。

阿基米德非常着急。这天傍晚，他把大家召集在一起，商量办法。可是，交流会刚开始，就变成了相互指责的批判会。

性子急躁的苏格拉底先开口："你们怎么回事，一天只能找到两三个有石头的房间？""那么多房间，门上又没有写哪个是有石头的，哪个是没有的，当然会找很长时间了！"爱丽丝答道。

"难道你们没有注意到，门锁是方形的都是没有的，门锁是十字形的都是有石头的吗？"苏格拉底反问道。

"干吗不早说呢？害得我们做了那么多无用功。"其他人听到这儿，似乎有点生气……

经过交流，大家才发现，原来他们有些人可能很快就找准了房间，但可能在房间里找到的石头都是错的；而那些找得非常准的人，往往又速度太慢。其实，这个道理非常简单：具有专业素质的人才很关键。

于是，在爱丽丝的提议下，大家决定每天开一次会，交流经验和窍门，然后把很有用的那些都抄在能照到亮光的墙上，提醒大家，省得再去走弯路。这面墙上的第一条经验就是：将我们宝贵的经验与更多的伙伴们分享，我们才有可能最快地走出困境。

在七个人的通力协作下，他们终于找齐了所有的240块灵石，但就在这时苏格拉底停止了呼吸。大家在极其震惊和恐惧之余，火种突然又灭了。

没有火种，就没有光线；没有光线，大家就根本没有办法把石头排成一个圈。大家都纷纷来帮忙生火，本以为是件简单的事，哪知道六个人费了半天的劲，还是无法生火。以前生火的事都是苏格拉底干的。

寒冷、黑暗和恐惧再一次向小矮人们袭来，灰暗的情绪波及到了每一个人，阿基米德非常后悔当初没有向苏格拉底学习生火，他又悟出了一个道理：在一个团队里，不能让核心技术只掌握在一个人手里。

经过大家的不懈努力，最终，火还是被生起来了。小矮人们经过多次磨难，最终胜利了，胜利的法宝无疑就是：知识通过有效的管理，最终将变成生产力。

知识通过有效的管理途径，最终将变为生产力。工作结果是衡量管理成功与否的唯一标准，就如同进行越野比赛，只要把起点、

终点和比赛路径确定下来,每个人就可以按自己的方式去拼。至于谁快谁慢,为什么快,为什么慢,领导者自然会看得清清楚楚。

比如,美国有不少高科技公司采取弹性工作时间:不规定员工上午干什么,下午干什么,对于特定的任务,只是给定一个完成期限,具体的过程就由员工自己来安排,最终以结果来衡量工作业绩。公司给予员工足够的空间,员工则回报公司极大的努力,形成一种良性循环。由此可见,把实现结果的过程交给部下,又用过程的结果来衡量部下,是一种很有效的管理方法。

7. 组织须给成员一个努力的方向

组织必须给其成员指出一个努力的方向,并动用组织的各种管理因素,使其成员齐心协力朝着这个方向前进。否则,只能像那网中的众鸟,成为别人的猎物。要知道,如果方向相悖,力量越大越无法向前。

有位捕鸟师精通捕鸟之术。

一天,他在湖畔布下一张罗网,网中放了一些诱饵后,便躲在一旁静候鸟儿入网。不多久,很多鸟儿误入网中争抢食饵。捕鸟师乘机收网,鸟儿被一网打尽。

但是网中有一只大鸟,体大力强,拼命挣扎,竟将罗网带起,携众鸟和罗网一同升上天空飞走了。

捕鸟师撒腿便追,路人见了笑他愚蠢:"地上的人岂能追得上天上的飞鸟?"可捕鸟师依然紧追不舍。

日头渐渐偏西,不久便隐没于远山背后。这时,捕鸟师仰视空中的一网鸟儿,那网中的鸟早已闹成了一团。有的鸟儿要向东飞,有的鸟儿朝西挣扎,有的想要在大树上歇脚,有的想要往深谷中藏身。可大网把众鸟儿束缚在一起,怎由得它们随心所欲?结果,众鸟儿又一同栽落到了地上。

捕鸟师赶来,把乱作一团的猎物全部捉住,满载而归。

团队的愿望是管理者的良好意图的重要反映。团队或领导的这种意图必须要与团队所有成员的美好愿望结合起来才有群众基础。否则,这种意图就成了水中月,镜中花,变得不切实际,无异于空中楼阁。

这种结合的最佳方式便是全员参与,只有全员参与,才能使全体成员表达他们各自的真心愿望。而团队成员的愿望能否被团队支持和吸纳,则直接决定团队成员对团队远景目标的认同。"人心齐,泰山移",只有目标一致,心往一处想,劲儿往一处使,团队目标的实现才能指日可待。

8. 领导者要善于适时放弃，扬长避短

领导者要善于适时放弃。有些人总是会不断埋怨别人的过错，指责别人的缺点。他们感觉周围的环境和人处处与自己作对，或者认为自己是"曲高和寡"，一般人理解不了自己丰富而深刻的思想。而实际上，这种人恰恰是没有认识到真正的问题不是来自于周围的环境和人，而是来自于他们自己。

一只鸽子总是喜欢不断地换窝。新窝住了不长时间，就有一种强烈的气味，使它喘不上气来。

它把它的烦恼向一只聪明而富有经验的老鸽子诉说。

老鸽子点着头说："你虽然换了许多次窝，其实等于什么也没换。那种使你烦恼的气味并不是从窝里发出的，而恰恰是从你身上发出来的。"只有去掉你自己身上的气味，才不用总是换窝。

这样的人，很有必要认清一下自己，认真而深刻地反省一下自己。一个组织也实在没有必要为失掉这样一只"鸽子"而遗憾。

一般来说，从传统的管理者向具有优秀品质的管理者转变，难度很大。幸运的是，越来越多的研究表明，领导能力并不像人们以前普遍认为的那样是先天的，人们完全可以通过后天的努力获得这种能力。领导者要想成功地改变员工，首先要改变自己，使自己具有优秀领导的素质。

在领导者的技能中，出色的管理能力仍然是必需的。领导者拥有这种管理能力的目的不是为了控制和命令员工，而是为了支持、帮助员工的发展与成长。

在这变幻莫测的全球激烈竞争时代，公司高层与其苦苦追寻"先进"的管理方法与手段，不如将眼光放开——看好自己手下的员工。员工的才智与热情是公司取之不尽的宝藏，公司要做的只是找到适当的途径将他们的能力释放出来。实现这一目标的唯一正确有效的途径是使组织管理从控制型向相信员工的潜力、发挥员工的热情与潜能的领导型转变。

9. 合理而有效地奖励员工

奖惩标准和评价系统是一个组织促使员工高效工作的"发动机"。合理而有效地奖励员工，会让企业的生产力得到较大的提高。

黑熊和棕熊喜食蜂蜜，都以养蜂为生。它们各有一个蜂箱，养着同样多的蜜蜂。有一天，它们决定比赛看谁的蜜蜂产的蜜多。

黑熊想，蜜的产量取决于蜜蜂每天对花的"访问量"。于是它买来了一套测量蜜蜂访问量的绩效管理系统。这个由先进的计算技术支持的系统耗资不少，但也的确能准确记录每只蜜蜂每天的工作量。在它看来，蜜蜂所接触的花的数量就是其工作量。在季度中期，它公布每只蜜蜂的工作量；另外还设立了奖项，奖励访问量最高的蜜

蜂。但它从不告诉蜜蜂们它是在与棕熊比赛,它只是让它的蜜蜂比赛访问量。

棕熊与黑熊想的不一样。它认为蜜蜂能产多少蜜,关键在于它们每天采回多少花蜜——花蜜越多,酿的蜂蜜也越多。于是它直截了当地告诉众蜜蜂:它在和黑熊比赛看谁产的蜜多;黑熊花了不多的钱买了一套绩效管理系统,测量每只蜜蜂每天采回花蜜的数量和整个蜂箱每天酿出蜂蜜的数量,并把测量结果张榜公布;它也设立了一套奖励制度,重奖当月采花蜜最多的蜜蜂,如果一个月的蜂蜜总产量高于上个月,那么所有蜜蜂都受到不同程度的奖励。

三个月过去了,两只熊查看比赛结果,黑熊的蜂蜜不及棕熊的一半。黑熊大感不解,自己花钱费神设立的绩效评估系统怎么会不管用?这时,蜂王告诉它,蜜蜂的访问量每月都增加一成以上,而每月产蜜量差不多下降一成以上。黑熊非常生气,连声问有没有谁偷吃了蜂蜜?

蜂王说:"没有谁偷吃蜂蜜,问题出在没有足够的花蜜来酿蜜。为了尽可能提高访问量,蜜蜂们都不采太多的花蜜,因为采的花蜜越多,飞起来就越慢,每天的访问量就越少。您有没有注意到,在给工作量最大的蜜蜂发奖的时候,其他蜜蜂立即一齐发出不满的嗡嗡声?蜜蜂之间竞争的压力太大,一只蜜蜂即使获得了很有价值的信息,比如某个地方有一片巨大的槐树林,它也不愿将此信息与其他蜜蜂分享。您要是早说您是在与棕熊比赛,而不是在让我们比谁访问的花多,蜜蜂们的工作就大不一样了?

黑熊这才知道自己的做法不太对头,于是虚心地向棕熊请教。

第一章
管理不只是领导的事——搭好支撑领导权力的架子

黑熊说:"我之所以让蜜蜂们专注于采集更多的花蜜,是因为花蜜才是与最终的绩效直接相关的。你的评估体系很精确,但你评估的绩效与最终的绩效并不直接相关。枝节越多,越容易走入歧途,越容易忘掉最终目的而把手段当成目的。

"另外,你的奖励方法也有问题,本来是为了让蜜蜂搜集更多的信息才让它们竞争,由于奖励范围太小,为搜集更多信息的竞争变成了相互封锁信息。我的蜜蜂不一样,因为我不限于奖励一只蜜蜂,为了采集到更多的花蜜,蜜蜂相互合作,嗅觉灵敏、飞得快的蜜蜂负责打探哪儿的花最多最好,然后回来告诉力气大的蜜蜂一齐到那儿去采集花蜜,剩下的蜜蜂负责贮存采集回的花蜜,将其酿成蜂蜜。虽然采集花蜜多的能得到最多的奖励,但蜜蜂之间远没有到人人自危相互拆台的地步。激励是手段,激励单个的蜜蜂更是手段中的手段,相比之下,怎么激发起所有蜜蜂的团队精神更为重要得多。"

当黑熊给一个蜜蜂奖励的时候,其他的蜜蜂并没有理解这种奖励的真正目的,于是,它们选择了一种对他们最低成本的方式——少采蜜多跑路。结果总是那么忙碌,却忽视了忙碌的意义和目的是什么。

这就给领导者的绩效评估思路提出了疑问:评估过程是否与绩效目标相一致?黑熊失败的原因在于,评估系统没有直指目标,而是掺和了一些枝节,这就给蜜蜂们提供了一个错误的信息:不要管采多少蜜,跑够了路就行了。正是组织对评估系统设计的缺陷,导致绩效的不理想。

10. 人员安排需以实效为标准

"司空见惯"是组织中过时的机构设置得以存在的症结。从组织的角度来进行分析,这实际上是一个组织工作系统的优化过程。

一位年轻有为的炮兵军官上任伊始,到下属部队视察其操练情况。他在几个部队发现相同的情况:在操练中,总有一名士兵自始至终站在大炮的跑管下面,纹丝不动。军官不解,究其原因,得到的答案是:《操练条例》就是这样要求的。

军官回去反复查阅军事文献,终于发现,长期以来,炮兵的《操练条例》仍因循非机械化时代的规则。站在跑管下的士兵的任务是负责拉住马的缰绳(在那个时代,大炮是由马车运载到前线的),以便在大炮发射后调整由于后坐力产生的距离偏差,减少再次瞄准所需要的时间。

但是现在大炮的自动化和机械化水平很高,已经不再需要这样一个角色了,但《操练条例》没有及时地调整,因此才出现了"不拉马的士兵"。

军官的发现使他获得了国防部的嘉奖。

机构设置、人员安排以什么为标准?实效!一个良性运转的组织必须具有不断剔除"不良(或过时)孳生物"的新陈代谢功能,否则就会人浮于事,组织的活力会被这些"孳生物"消耗掉,逐渐僵化、死亡。"人得其事，事得其才；人尽其才，事尽其功。"每一个企业、组织都应该检视一下，自己这里有没有"不拉马的士兵"？

11. 过分集中的权力容易导致腐败

制度决定一个组织的生命力和成长效率。好的制度简洁、清晰、高效；它公平、公正，既给予领导者必要的权力，又能杜绝过分集中的权力所导致的腐败。

有7个人组成的小团体，其中每个人都是平凡而且平等的，但不免自私自利。他们想通过制定制度来解决每天的吃饭问题——要分食一锅粥，但并没有称量用具。大家试验了不同的方法。

方法一：指定一个人负责分粥事宜。很快大家就发现，这个人为自己分的粥最多。于是又换了一个人，结果总是主持分粥的人碗里的粥最多最好。

方法二：大家轮流主持分粥，每人一天。虽然看起来平等了，但是每个人在一周中只有一天吃得饱而且有剩余，其余6天都饥饿难挨。大家都认为这种办法造成了资源浪费。

方法三：大家选举一个信得过的人主持分粥。开始这位品德尚属高尚的人还能公平分粥，但不久他开始为自己和溜须拍马的人多分。

方法四：选举一个分粥委员会和一个监督委员会，形成监督和制约。公平基本上做到了，可是由于监督委员会常常提出种种议案，而分粥委员会又据理力争，等分粥方案完毕时，粥早就凉了。

方法五：每个人轮流值日分粥，但是分粥的那个人要最后一个领粥。令人惊奇的是，在这个制度下，7只碗里的粥每次都是一样多。每个主持分粥的人都认识到，如果7只碗里的粥不相同，他确定无疑将享用那份最少的。

众所周知，在管理中必须遵循授权加监督的原则。如果只授权而不监督，后果就是四分五裂；如果不授权只监督，局面则会是一潭死水。因此，海尔的张瑞敏明确地提出要重视监督机制，特别强调两点原则：一是各法人要自律，必须有非常严格的自我约束力；二是仅自律还不够，还应有控制体系。

英特尔前 CEO（执行总裁）葛洛夫对此也深有同感。他说，将自己熟悉的任务分派出去，可以更加得心应手地对这些已分派的任务进行监控，并确保它们正在按计划执行。任务分派监控和质量保证原则之间存在某些相似之处：

（1）通过集中注意授权过程来监控授权决定。

（2）监控应在最低价值被加入的阶段进行（因此，应审查报告草案，而不是等待审核最终结果）。

（3）仅仅在随机的情况下注意某些细节。

（4）富于变化。根据特定的任务、被授权者的经验和他们先前的表现来调整监控程度。

12. 理智对待与异性下属的关系

要真正塑造自我和实现自己想要的管理局面，我们必须理智对待与异性下属的关系问题。组织的领导者驾驭好下属，尤其是异性下属，才能驾驭好这个组织。

一架轻型飞机飞行途中失事坠毁，机上原有一位驾驶员、一位空中小姐，还有一只要赶赴表演的猴子。在这场空难中，驾驶员、空中小姐都不幸当场罹难了，只有猴子侥幸逃过一劫，令人诧异的是，它竟然还活蹦乱跳，毫发未伤。

空难调查人员急切地想了解飞机失事的原因，所以就从猴子身上着手调查。由于这只猴子聪明异常，又受过一些训练，对于人类的语言多少可以了解其意。

调查人员先是问它飞机起飞时机内的状况。猴子边叫边指着驾驶员，然后比画出驾驶飞机的滑稽动作。再指着空中小姐，装模作样做出端盘子正在服务的姿态。最后指着自己，表示乖乖地坐在座位上。

"飞机怎么失事的？"看到猴子提供这么多宝贵的线索，调查人员不禁大为兴奋，立即再追问猴子。此时，猴子指着空中小姐，比画出一副很陶醉忘我的样子。

调查人员不解其意，叫它赶快说出当时驾驶员在做什么？猴子

双手装出被人拥抱的姿态,嘴巴做成亲嘴状,露出亲热的表情并发出"滋滋"的声音。

"那时你在做什么?"其中一个继续问。猴子立刻肃然端坐,正经八百地比画出双手操纵方向盘的样子。

"机长"与异性下属掉进感情的漩涡是一个组织最大的不幸。轻则造成效率低下、管理混乱,重则像那架飞机,跌进毁灭的深渊。清晰地了解自己、把握自己的心态和规划自己的目标——领导自己——是走向管理成功的第一步。但塑造自我、领导好下属却不仅仅限于规划目标。

13. 适时为员工变换工作岗位

提高组织的整体水平,只须不断淘汰最末一位就行了。因此,要提高部门和单位的整体工作水平,就要非常重视提高部门中水平最低人员的工作水平,使之缩短与其他人员的差距。

一只沿口不齐的木桶,它盛水的多少,不在于木桶上那块最长的木板,而在于木桶上最短的那块木板。

如果要想使木桶多盛水——提高水桶的整体效应,不是去增加最长的那块木板长度,而是下功夫补齐木桶上最短的那块木板。

我们知道在管理实践中有一个"末位淘汰制",其思想基础就是木桶理论：一个部门、一个单位的工作总体水平的高低不是取决于这个部门中水平最高的人员，而是取决于这个部门中水平最低的人员。末位淘汰的妙处是，最短的那块木板不断被新的木板取代，最短的那一块也会越来越高。

美国学者库克提出了一种称作"人才创造周期"的理论，认为人才的创造力在一个工作岗位上呈现出一个由低到高，到达巅峰后又逐渐衰落的过程，其创造力高峰期可维持3—5年。人才创造周期可分为摸索期、发展期、滞留期和下滑期四个阶段。库克认为，在衰退期到来之前适时变换工作岗位，便能发挥人才的最佳效益。

14. 制度是一个组织的原则，不容破坏

不管是激励员工或讨好员工，绝对不能以破坏制度为代价。制度好比一个组织的骨架，其中的原则是绝对不可以破坏的。微小的、不经意的让步会造成对"骨架"的巨大侵蚀和伤害，最终会使它訇然倒地。

一只年轻的猴子历经千辛万苦的争斗，终于击败了众家对手当上了猴群的王。此时的它为了讨好大家，对于违反猴群规矩的猴子，他都睁一只眼闭一只眼，不再理会。

刚开始，猴群对猴王还有所忌惮，但日子久了，年轻的猴子逐

渐发现它们的王已经没有了威严。它们经常在猴王面前互相争夺食物，甚至连猴王手中的食物也被掠夺下来。于是，猴群里的纪律荡然无存。

一只忠心的老猴子好意地警告猴王说："请大王不要继续纵容那些不知天高地厚的家伙，毕竟制度的建立远比破坏规矩难啊！"而猴王此时只是轻蔑地从鼻孔发出声音来回答："我自有分寸！"

猴群里的秩序越来越坏，猴王终于发现事态严重，它决心重建猴群的制度。它不断地要求猴子们遵守以前的规定，而对于那些违反规定的猴子，它也决定不再纵容。可是，已经习于安逸的猴子们根本不再理会猴王的要求，猴王的举动反而造成了更多的反击。

最后的反击终于来临了，在一次王位争夺战中，猴王除了失去它的王位外，甚至被逐出了猴群。临走的那一天，猴王一面望着不知纪律为何物的猴群，一面以忏悔的态度对老猴子说："我终于理解了你当初所说的那句话了！"

作为领导更应清楚，维护哪怕一条最无关轻重的制度，也是在维护自己的权威，维护组织的良性运转。遗憾的是，现实生活中制度的破坏都是从领导自身开始的。

企业的制度，应该是一种"行动的承诺"，借以完成企业的使命，也应该是一种"标准"，借以测度企业的绩效。企业的目标应该是作业性的，可以转化为特定的目的及特定的工作内容，并且足以成为工作和成就的基础与激励。企业的目标，应该足以成为一切资源与努力集中的重心；应该找出工作重心所在，以作为企业的人力、财力和物力运用的依据。因此，企业目标应该是"择要性"的，而非包罗万象，涵盖一切。

如果企业的目标仅仅表达了一种意愿，这些目标将形同虚设。优秀的管理者设立的目标，一定可以转化为各项具体工作，是具体的、清晰的、明确的、可以测度的。

15. 示范的力量不容轻视

示范的力量是惊人的。不但要像先人李离那样勇于替下属承担责任，而且要事事为先、严格要求自己，做到"己所不欲，勿施于人"。一旦在员工中树立起威望，将会上下同心，大大提高团队的整体战斗力。得人心者得天下，做下属敬佩的领导将使管理事半功倍。

李离是晋文公的法官。有一次，他探察案情发现下级有误而枉杀人命，发觉后就把自己拘禁起来并判以死罪。文公说："官职贵贱不一，刑罚也轻重有别。这是你手下官吏有过失，不是你的罪责。"李离说："臣担当的官职是长官，不曾把高位让给下属；我领取的官俸很多，也不曾把好处分给他们。如今我发现案情有误而枉杀人命，却要把罪责推诿给下级，这种道理我没有听过。"他拒绝接受文公的命令。文公说："你认定自己有罪，那么我也有罪吗？"李离说："法官断案有法规，错判刑就要亲自受刑，错杀人就要以死偿命。您因为臣能探察细微隐情事理，决断疑难案件，才让我做法官。现在

我探察案情有误而枉杀人命,应该判处死罪。"李离没有接受晋文公的赦令,伏剑自刎而死。

正人先正己,做事先做人。管理者要想管好下属必须以身作则。法国管理学家亨利·法约尔提出"凡权力行使的地方,就有责任",这就是法约尔原则。

中国自古以来就有"强将手下无弱兵"之说,管理者在员工的心目中就是他们的"领头羊",就是他们的榜样。俗话讲"兵熊熊一个,将熊熊一窝",管理者本身无能,下属也不会能干到哪儿去。

在企业中,管理者本身的行为对员工会产生影响。管理者对工作的热情,在企业内部会形成一种对工作积极主动的气氛。这样的气氛便可视为一种非权力影响力,虽然会带给员工压力,但更能激发员工工作的热情,使之更好地为企业效力。

一个榜样就是一面旗帜。弘扬榜样精神,用榜样或劳模的精神带动员工,形成向心力、凝聚力,是促进企业发展的根本保证。作为劳模或者榜样,仅仅自己带头干还不行,还要发动员工一起干。"一花独放不是春,万紫千红春满园。"榜样要用自己的言行影响和带动大家。榜样应该真正起到激励先进、鞭策后进、营造争先创优氛围的作用。

16. 管理者无需事必躬亲

对于事必躬亲的管理者，下属们也许会遵从命令，但不会把这当作一种关心或者好意，反而会被认为是多管闲事。在现实中，每一个员工每天都要做出很多管理者无法监控的事情。即使是有能力的管理者，也不可能管理所有的事情，也不可能掌握所有的细节。事必躬亲的管理者基本上来说应属于不太正常。

一个人去买鹦鹉，看到一只鹦鹉前标价：此鹦鹉会两门语言，售价二百元。另一只鹦鹉前则标道：此鹦鹉会四门语言，售价四百元。该买哪只呢？两只都毛色光鲜，非常灵活可爱。这人转啊转，拿不定主意。结果突然发现一只老掉了牙的鹦鹉，毛色暗淡散乱，标价八百元。

这人赶紧将老板叫来：这只鹦鹉是不是会说八门语言？

店主说：不。

这人奇怪了：那为什么又老又丑，又没有能力，会值这个数呢？

店主回答：因为那两只鹦鹉叫这只鹦鹉老板。

这故事告诉我们，真正的领导人，不一定自己能力有多强，只要懂得信任，懂得放权，懂得珍惜，就能团结比自己更强的力量，从而提升自己的身价。

相反许多能力非常强的人却因为过于追求完美，事必躬亲，觉得什么人都不如自己，最后只能做最好的攻关人员，销售代表，成不了优秀的领导人。

17. 与手下保持畅通的信息沟通

与手下保持畅通的信息交流，将会使你的管理如鱼得水，以便及时纠正管理中的错误，制定更加切实可行的方案和制度。

美国知名主持人林克莱特一天访问一名小朋友，问他说："你长大后想要当什么呀？"小朋友天真地回答："我要当飞机的驾驶员！"林克莱特接着问："如果有一天，你的飞机飞到太平洋上空时所有引擎都熄火了，你会怎么办？"小朋友想了说："我会先告诉坐在飞机上的人绑好安全带，然后我挂上我的降落伞跳出去。"当在现场的观众笑得东倒西歪时，林克莱特继续注视这孩子，想看他是不是自作聪明的家伙。没想到，接着孩子的两行热泪夺眶而出，这才使得林克莱特发觉这孩子的悲悯之情远非笔墨所能形容。于是林克莱特问他说："为什么要这么做？"小孩的答案透露出一个孩子真挚的想法："我要去拿燃料，我还要回来！"

你真的听懂了手下的话了吗？你是不是也习惯性地用自己的权威打断手下的语言？我们经常犯这样的错误：在手下还没有来得及讲完自己的事情前，就按照我们的经验大加评论和指挥。反过头来想一下，如果你不是领导，你还会这么做吗？打断手下的语言，一方面容易作出片面的决策，另一方面使员工缺乏被尊重的感觉。时间久了，手下将再也没有兴趣向上级反馈真实的信息。反馈信息系统被切断，领导就成了"孤家寡人"，在决策上就成了"睁眼瞎"。

18. 培养并给予员工合适的工作岗位

管理者的责任，就是培养员工并给予员工应有的工作条件，每一位员工，如果是刚毕业的年轻人，可以说是一张白纸，让管理者去书写；而有一定工作经验的人，上级会告诉他公司对他的期望，并让他好好发展，这其实也是书写的过程。

进过寺院的人都知道，一进山门，首先是弥勒佛，笑脸迎客，而在他的背面，则是黑口黑脸的韦陀。但相传在很久以前，他们并不在同一个庙里，而是分别掌管不同的庙。

弥勒佛热情快乐，所以来的人非常多，但他什么都不在乎，丢三落四，没有好好地管理账务，所以依然入不敷出。而韦陀虽然管账是一把好手，但成天阴着个脸，太过严肃，搞得人越来越少，最后香火断绝。

佛祖在查香火的时候发现了这个问题，就将他们俩放在同一个庙里，由弥勒佛负责公关，笑迎八方客，于是香火大旺。而韦陀铁面无私，锱珠必较，则让他负责财务，严格把关。在两人的分工合

作下，庙里一派欣欣向荣的景象。

其实在用人大师的眼里，没有废人，正如武功高手，不需名贵宝剑，摘花飞叶即可伤人，关键看如何运用。因此，在管理观念当中，管理者是承担好培育员工、发挥每个员工积极性的责任，"只有不好的管理者，没有不好的员工"。

19. 拥有一颗爱护员工的心

完成梦想，不一定非得要冷酷地厮杀和欺诈，有时，只要你拥有一颗爱人之心就可以了。

这是发生在英国的一个真实故事。

有位孤独的老人，无儿无女，又体弱多病。他决定搬到养老院去。老人宣布出售他漂亮的住宅，购买者闻讯蜂拥而至。住宅底价8万英镑，但人们很快就将它炒到了10万英镑。价钱还在不断攀升。老人深陷在沙发里，满目忧郁，是的，要不是健康情形不行，他是不会卖掉这栋陪他度过大半生的住宅的。

一个衣着朴素的青年来到老人眼前，弯下腰，低声说："先生，我也好想买这栋住宅，可我只有1万英镑。可是，如果您把住宅卖给我，我保证会让您依旧生活在这里，和我一起喝茶，读报，散步，天天都快快乐乐的。相信我，我会用整颗心来照顾您！"

老人领首微笑，把住宅以1万英镑的价钱卖给了他。

如果管理者能够把爱人之心记在心中，就可以受用一生。爱人之心不仅可以使自己每天都很坦荡、快乐，还能温暖你周围的人。一个"爱"字小到能让你很好地修身、齐家，大到可以使你成功地治国、平天下。一个强大的组织多有一个宽宏大度的领袖，这样的领导者具有领导魅力，这样的组织更具有向心力。而我们的一些企业领导者缺乏仁者的态度，即使有也多是表面宽容，却秋后算账，让下属感觉如履薄冰，如临深渊，形成了"不求有功，但求无过"的企业氛围，使团队的凝聚力与工作动力受到影响。

20. 塑造自己的人格魅力

最成功的管理者，不是在位的时候受多少人尊敬，而是当他不在位时，还同样受人尊敬。做管理的一定要塑造自己的人格魅力，用人格魅力去感染人。

一只四处漂泊的老鼠在佛塔顶上安了家。

佛塔里的生活实在是幸福极了，它既可以在各层之间随意穿梭，又可以享受到丰富的供品。它甚至还享有别人所无法想象的特权——那些不为人知的秘籍，它可以随意咀嚼；人们不敢正视的佛像，它可以自由玩耍，兴起之时，甚至还可以在佛像头上留些排泄物。

每当善男信女们烧香叩头的时候,这只老鼠总是看着那令人陶醉的烟气,慢慢升起,它猛抽着鼻子,心中暗笑:"可笑的人类,膝盖竟然这样柔软,说跪就跪下了!"

有一天,一只饿极了的野猫闯了进来,它一把将老鼠抓住。

"你不能吃我!你应该向我跪拜!我代表着佛!"这位高贵的俘虏抗议道。

"人们向你跪拜,只是因为你所占的位置,不是因为你!"

野猫讥讽道,然后,它把老鼠掰成了两半,一口吞了个干干净净。

张扬就要付出代价,不想付出代价,那就不要太张扬。"高处不胜寒",身居高位更要如履薄冰把事情做好。不要贪图美名,要懂得务实。放弃不现实的高贵,回到群众当中,回去才可能厚德载物。最好的领导者,不是站在上方指挥,而是处在下方观看并提供支持。

21."默无声息"的管理

商界教皇汤姆·彼得斯说未来五年是"领导奇缺"的时代,其实未来五年(甚至十年)也是领导过剩的时代。准确地说未来是荆棘式领导过剩,呼唤橄榄树、无花果式的领导的时代。

有一片树林要推选一棵树为王,管理他们,有一棵树就去对橄榄树说:"请你做我们的王。"

> 第一章
> 管理不只是领导的事——搭好支撑领导权力的架子

橄榄树回答说:"我岂肯止住供奉神的油,飘摇在众树之上呢?"

树木对无花果树说:"请你来做我们的王。"无花果树回答说:"我岂肯止住所结甜美的果子,飘摇在众树之上呢?"

树木对葡萄树说:"请你来做我们的王。"葡萄树回答说:"我岂肯止住使神和人喜乐的新酒,飘摇在众树之上呢?"

众树对荆棘说:"请你来做我们的王吧?"荆棘回答说:"你们若诚诚实实地推我为王,就要投在我的荫庇下,不然,愿火从荆棘里出来,烧掉黎巴嫩的香柏树!"

这个寓言近来引起一些管理学者们的注意,因为它恰好包含着两种领导类型——各以其专长在组织内行使其领导权的服务型领导,和无专长的、以"命令—控制"来行使权力的集权型领导——的对比。在管理已进入"巨变时代"的今天,"领导力"的转型是一个重大的问题。这种转型与企业角色和企业结构的转型密切相关。与荆棘型领者相反,橄榄树(同时象征着"和平")、无花果(同时象征着"沉静")式的领导者都是一个领导团队中的一员,在各自的"项目"里担当着"服务型领导"的角色。他们不是叱咤风云的人物,他们不是以火爆的方式而是以"和平"和"沉静"的方式从事着亨利·明茨伯格所说的"真正的管理"——"默无声息的管理"。

22. 感激指出你缺点的人

不要怨恨别人，即使他曾使你难堪。既然他能使你难堪，就证明你存在着缺点；如果你没有缺点，他怎么会让你难堪？他不过是用另外一种方式指出你的缺点而已，所以你要原谅他。当你遇到他人施予的恩惠时，当然要报答他，但也要讲究分寸、讲究方法，这样你的工作才能顺利地进行。

乔治·罗纳在维也纳当了很多年的律师，小有名气。但是，在第二次世界大战期间，他逃到了瑞典。此时，他已经不名一文，非常需要一份工作。因为他能说并能写好几国的语言，所以，他希望能在一家进出口公司里找到一份秘书工作。

不幸的是，绝大多数的公司都回信告诉他，因为正在打仗，他们不需要这一类的员工。不过，他们会把他的名字存在档案里。但是，有一个人在给乔治·罗纳的信上说："你对我的生意的了解完全错误。你既错又笨，我根本不需要任何替我写信的秘书。即使我需要，也不会请你，因为你甚至连瑞典文也写不好，信里全是错字。"

当乔治·罗纳看到这封信时，简直气得要发疯了。

于是，乔治·罗纳也写了一封信，目的是想使那个人也大发一顿脾气。但接着他就停了下来，对自己说："等一等，我怎么知道这个人说的是不是对的？我进修过瑞典文，可是它并不是我家乡的语

第一章
管理不只是领导的事——搭好支撑领导权力的架子

言,也许,我的确犯了很多我并不知道的错误。如果这样的话,那么我想得到一份工作,就必须再努力学习。这个人可是帮了我一个大忙,虽然他的本意并非如此。他用这种难听的话来表达他的意见,并不表示我就不亏欠他,所以,应该写封信给他,在信上感谢他一番。"

于是,乔治·罗纳撕掉了他刚刚写好的那封骂人的信。另外写了一封信:"你这样不嫌麻烦地写信给我,实在是太好了,尤其是你并不需要一个替你写信的秘书。对于我把贵公司的业务弄错的事,我觉得非常抱歉。我之所以写信给你,是因为我向别人打听过,他们说你是一个非常了不起的人物。我并不知道我的信上有很多文法上的错误。我觉得很羞愧,也很难过。我现在打算更努力地学习瑞典文,以改正我的错误。谢谢你帮助我走上改进之路。"

不到三天,乔治·罗纳就收到那个人的回信。他请罗纳面谈,罗纳去了,而且他得到了一份相当不错的工作。

在一个公司里,下属与上司的冲突,难免要发生。如果简单地用强制力来处理,这就走向了另一个极端。意味着这种"冲突"本身有很大的"危险",对员工来说,有被辞退或者转岗的可能。这是下属不愿意看到的。上司的草率表现为下面三个方面:

首先是宽容不够。海纳百川,所以成其大。当领导的靠的就是容纳精神,让更多的智慧碰撞出来,这样才能成就领导的大智慧。项羽个人能力强于刘邦,但是放到一个团队里,刘邦就优势凸现,就能团结一批将领。

其次是说服能力欠佳。领导权威不是强制性的,而是通过沟通

与交流来实现的。一个将军,如果他手下的士兵被送到军事法庭的人越来越多,这意味着他的失职。好的战略战术,如果无法说服属下去执行,领导者难免负第一责任。确实是下属的错,领导者也应承担相应的责任。一荣俱荣,一损俱损,这样可以形成一个关系紧密的团队。

最后是做事与做人应当别论。冲突本身容易演变为人与人之间的冲突。如果不能理智地把冲突放在一个工作的环境下来处理,做事的矛盾就顺理成章地成了做人的矛盾。这是公司管理中的大忌。因事废人,毫无道理。当你的下属当着众人的面,顶撞你或是与你发生争执、挑战你的权威,让你的颜面扫地时,你是不是会在以后的工作中找个机会报复他、狠狠地整治他?而当你在最窘迫、最尴尬之时,有人勇敢地站了出来,他替你打了圆场,给了你一个可下的台阶。于是,你是否又想着在以后,一定要找个机会来报答他,感谢他?

23. 想让别人爱你,你得先去爱别人

有时候,我们总是在抱怨别人的态度冷漠、情绪不好,却不知自己正是对方一面最好的镜子。如遇到类似的情况,不妨问问自己做了什么——想让别人爱你,你得先去爱别人。

有一个孩子跑到山上,无意间对着山谷喊了一声:"喂……"声

音刚落,从四面八方传来了阵阵"喂……"的回声。大山答应了。孩子很惊讶,又喊了一声:"你是谁?"大山也回音:"你是谁?"孩子喊:"为什么不告诉我?"大山也说:"为什么不告诉我?"

孩子忍不住生气了,喊道:"我恨你。"他哪里知道这一喊不得了,整个世界传来的声音都是:"我恨你,我恨你……"

孩子哭着跑回家,告诉了妈妈,妈妈对孩子说:"孩子,你回去对着大山喊'我爱你',试试看结果会怎样,好吗?"

孩子又跑到山上。果然这次孩子被包围在"我——爱——你,我——爱——你……"的回声中。

孩子笑了,群山笑了。

想让别人爱你,你得先去爱别人,这也是团队建设里最为重要的人际关系。永远不要等下去,要主动出击,人与人的感情是相互的,没有对错,只有更多的理解和包容。当你不开心时,谁会爱上你的愁容。

24. 为失去而感恩

"旧的不去,新的不来",失去就意味着得到,或许你一时没有察觉到你所得到的东西。所以你必须去感恩,感谢让你失去了某种东西,同时要面对事实,接纳它,失去就失去,已经无法挽回了。

有一天,一个挂着拐杖,少了一条腿的退伍军人,一跛一拐地

走在通行教堂的马路上,旁边的镇民带着同情的回吻说:"可怜的家伙,难道他要向上帝祈求再有一条腿吗?"这一句话被退伍的军人听到了,他转过身对他们说:"我不是要向上帝祈求有一条新的腿,而是要祈求他帮助我,叫我没有一条腿后,也知道如何过日子。"

学习为所失去的感恩,也接纳失去的事实,不管人生的得与失,要让自己的生命充满亮丽与光彩,不再为过去掉泪,努力地活出自己的生命。只要心在,就还有希望。思路决定出路,心态决定命运。只有想不到,没有做不到。失去让我们痛心,但是,活着的人依然有活着的理由,让我们努力活出一番滋味吧创造出另一番的生活,另一番的人生。

25. 离你最近的才是最佳目标

如果你在成功路上有多个目标,那最佳的选择是离你最近的那一个。

一个农民从洪水中救起了他的妻子,他的孩子却被淹死了。

事后,人们议论纷纷。有的说他做得对,因为孩子可以再生一个,妻子却不能死而复活。有的说他做错了,因为妻子可以另娶一个,孩子却不能死而复活。

如果只能救活一人,究竟应该救妻子呢,还是救孩子?很多人困惑于这个问题,于是有记者去拜访那个农民,问他当时是怎么想的。

他答道:"我什么也没想。洪水袭来,妻子在我身过,我抓住她就往附近的山坡游。当我返回时,孩子已经被洪水冲走了。"

不管是生活,还是职场,所谓的抉择不少便是如此。

巴黎某著名杂志,曾刊登一道趣题:如果卢浮宫博物馆失火,而条件只允许抢救一件艺术品,你会选择哪件?

最佳答案是"选择离门最近的那件"。因为卢浮宫的每件收藏,都是瑰宝;与其浪费时间选择,不如抓紧时间抢救。

26. 把理想与现实结合起来

一个人只顾眼前的利益,得到的终将是短暂的欢愉;一个目标高远的人,当然也要面对现实的生活。只有把理想和现实有机地结合起来,才有可能成为一个成功之人。有时候,一个简单的道理,却足以给人意味深长的生命启示。

从前,有两个饥饿的人得到了一位长者的恩赐:一根鱼竿和一篓鲜活硕大的鱼。其中,一个人要了一篓鱼,另一个人要了一根鱼竿,于是他们分道扬镳了。得到鱼的人原地就用干柴搭起篝火煮起了鱼,他狼吞虎咽,还没有品出鲜鱼的肉香,转瞬间,连鱼带汤就被他吃了个精光,不久,他便饿死在空空的鱼篓旁。另一个人则提着鱼竿继续忍饥挨饿,一步步艰难地向海边走去,可当他已经看到

不远处那片蔚蓝色的海洋时，他浑身的最后一点力气也使完了，他也只能眼巴巴地带着无尽的遗憾撒手人寰。

又有两个饥饿的人，他们同样得到了长者恩赐的一根鱼竿和一篓鱼。只是他们并没有各奔东西，而是商定共同去找寻大海。他俩每次只煮一条鱼，经过遥远的跋涉，来到了海边，从此，两人开始了捕鱼为生的日子。几年后，他们盖起了房子，有了各自的家庭、子女，有了自己建造的渔船，过上了幸福安康的生活。

其实这是一个很现实的故事，可能后者不是很多，但前者却是比较多的。为什么前者比较多？究其原因是因为心态浮躁。当一个人心态浮躁的时候，往往就会有很多不切实际的梦想，我们会幻想自己一夜成名，一夜之间成为亿万富翁，或者我们会去做一件我们现阶段做不了的事，就像有鱼钩的人——那梦想很好，只要他走到海边，就能钓鱼，然后钓到更多的鱼，让自己的生活越来越好。但光有梦想是不够的，很多时候我们还得去面对现实，因为，现实中我们首先要面对的生存问题。

有梦想是一件好事，但饿是事实，我们要去实现自己的梦想前，一定要想办法解决自己的生存问题，如果连生存问题都解决不了，何谈梦想呢？

第二章
管理者不是高高在上
——懂得激励才会有效率

管理者并不是高高在上的,好的管理者知道如何激励自己的员工,而好的激励形式能产生更高的效率。有效的激励有不同的方式,物质的、精神的、表扬的、批评的、升职的、降职的等等。这如同孙悟空手里的金箍棒,如果想不断提高工作、生产效率,只须轻轻挥舞这根伸缩如意的棒子就行了。

1. 用关爱激励你的员工

一份关爱的心,一个小小的技巧,让你的员工感觉到企业的温暖,你的手下便再也不会有最差的员工。

有一个小男孩,他非常自卑,因为他的背上有着两道非常明显的疤痕。所以这个小男孩非常害怕换衣服,尤其是体育课。

可是时间久了,其他小朋友还是发现了他背上的疤,"好可怕喔!""怪物!"天真的小朋友们无心的话往往最伤人,小男孩哭着跑出教室。从此以后,他再也不敢在教室里换衣服,再也不去上体育课了。

这件事发生以后,小男孩的妈妈特地牵着他的手,去找班主任老师。班主任老师是一个四十多岁的女老师,她仔细地听着妈妈说起小男孩的故事,"这小孩在刚出生的时候就生了重病,当时本来想放弃的,可是,又不忍心。幸好当时有位很高明的大夫愿意尝试用动手术的方式挽救这条小生命,经过几次手术好不容易他的命留下来了,可是他的背部,也留下这两条清楚的疤痕……"

妈妈转头吩咐小男孩:"来,把背部掀开给老师看……"小男孩迟疑了一下,还是脱下了上衣,让老师看清楚这两道恐怖的痕迹——也曾是他生命奋斗的证明。

老师轻轻摸着小男孩儿的头,"孩子,别难受,我一定会想办法

第二章
管理者不是高高在上——懂得激励才会有效率

的。"突然,她脑海灵光一闪,摸了摸小男孩的头,对他说:"明天的体育课,你一定要跟大家一起换衣服喔。"

"可是……他们又会笑我……说……说我是怪物……我不是怪物……"小男孩眼睛里晶莹的泪水滚来滚去。

"放心,老师有法子,没有人会笑你。"

第二天的体育课很快就到了,小男孩怯生生地躲在角落里,脱下了他的上衣,果然不出所料,所有的小朋友又露出了讶异和厌恶的声音。"好恶心喔……"

小男孩双眼睁得大大的,眼泪已经不听话地流了下来。这时候,教室门却突然被打开,老师出现了。几个同学马上跑到了老师面前说:"老师你看他的背好可怕,好像两只超大的虫子趴在那。"老师没有说话,只是慢慢地走向小男孩,然后露出诧异的表情。"这不是虫子。"老师眯着眼睛,很专注地看着小男孩的背部。

老师指着小男孩背上那两条显眼的深红疤痕,说道:"这是一个传说。每个小朋友都是天上的天使变成的,有的天使变成小孩的时候很快就把他们美丽的翅膀脱下来了,有的小天使动作比较慢,来不及脱下他们的翅膀。这时候,那些天使变成的小孩子,就会在背上留下这样两道痕迹。"

"哇!"小朋友发出惊叹的声音,"那这是天使的翅膀?"

"对啊,"老师露出神秘的微笑,"大家要不要检查一下对方,还有没有人的翅膀像他一样,没有完全掉下来的?"

所有小朋友听老师这样说,马上七手八脚地检查对方的背。可是没有人像小男孩一样,有这么清楚的痕迹。

突然，一个小女孩轻轻地说："老师，我们可不可以摸摸小天使的翅膀？"

"这要问小天使肯不肯。"老师微笑地向小男孩眨眨眼睛。

小男孩鼓起勇气，羞怯地说："……好。"

女孩轻轻地摸了他背上的伤痕，高兴地叫了起来，"哇，好软，我摸到天使的翅膀了！"

一节体育课，教室里几十个小朋友排成长长的一排队伍，等着摸小男孩的背。小男孩背对着大家，听着每个人的赞叹声、羡慕的啧啧声，还有抚摸时那种奇异的麻痒感觉。他的心里不再难过了，脸上的泪痕还没干，却已经露出了久违的笑容。一旁的老师，偷偷地对小男孩打出胜利的手势。

多么熟悉！又多么常见！作为一个领导，肯定见过这样为数不少的"小男孩"。最简单的做法就是把他打发回家，再补充新的人员。但时间长了会发现，这样的"小男孩"层出不穷。实际上，即使是成功的领导，又有哪个不曾身背两条甚至更多"扭曲而鲜红"的疤痕呢？而高明的领导总会像那位老师一样，把那两条疤痕变成"天使的翅膀"，所以他不会不断地抱怨：优秀的人才都跑哪儿去了？

2. 恰当地运用手上的资源

善于看到积极中的消极、消极中的积极，以及积极、消极因素的相互关系，是一个优秀领导的必备素质。管理者只要善于思考、调配，就能化消极为积极，恰当地运用、调动现有资源把事情办好。

那些困扰你的事情、那些看似不幸的事情实际上是使你得到幸福的幸事。

夏日的一天，一个人走在乡间小路上，看见一个农夫正赶着一头牛犁地。当他走上前去准备向这个农夫问路的时候，突然看到那头牛的肚皮上有一只很大的牛虻。

很明显，那只牛虻正在叮咬那头牛，而且把那头牛叮得很不自在，因此他就想把那只牛虻赶走。

当他举起手来的时候，农夫制止了他。农夫说："请不要赶走它！朋友，知道吗？正因为有了这只牛虻，这头老牛才一直不停地走动着。"

挫折可以磨炼一个人的意志，他人的嘲讽能使人勤勉有为。每个人都喜欢表现自我、超越自我，在原来的基础上取得新的成就，更上一层楼。而对于员工来说，接受挑战性的工作可以使他们非常清楚地意识到自己肩上所挑的重担。正是这种紧迫感、责任感，

而不是工作本身,使得员工们今后得以成功。工作中的挑战性是非常重要的,因为它能激发一个人的工作热情,激励员工们在今后的工作中勤奋努力,树立起坚定的自信心,从而获得工作上的成功。

3. 赞美是给予肯定的一种形式

每个人都需要肯定,尤其是别人的肯定。管理者不要吝惜对员工的赞美,即使能力较差的员工也需要赞美。要想矫正某人的缺点,不妨反过来先赞美对方的其他优点。

一位太太想聘用一位女佣,便打电话给那位女佣的前任雇主,询问了一些情况,得到的评语却是贬多于褒。

女佣到任的那一天,那位太太说:"我打电话请教了你的前任雇主,她说你为人老实可靠,而且煮得一手好菜,唯一的缺点就是理家比较外行,老是把屋子弄得脏兮兮的。我想她的话并非完全可信,我相信你一定会把家里整理得井井有条。"

后来她们果然相处得很愉快,女佣真的把家里打扫得干干净净,而且工作格外卖力。

有别人的肯定,自己的存在便有了成就感,而赞美就是肯定的一种形式。赞美不但让别人高兴,也可以让自己获得无数的友谊和帮助,拥有和谐的人际关系,何乐而不为呢?所以说,适当的赞美是有效激励最普遍的形式。

团队领导在分配工作任务时，不妨把每一项任务针对每位成员的特点，分配给那些知道怎样会做得最好的成员。等到他们技术熟练，能力提高，自信心培养起来后，再分配较困难的工作任务给他们，让他们感觉到自己在进步。分配任务的原则是使每次任务都能成功地完成，保证每位成员都能完成自己的任务，受到该得到的肯定，并让整个团队的成员都知道每次的胜利。

4. 机会是靠自己创造出来的

从员工的角度讲，想得到期望中的激励——奖金、提升、褒奖，必须付出十二分的努力，只知道羡慕、忌妒别人于事无补；从领导者的角度讲，必须让员工明白你付出后不一定得到期望的东西，但如果不付出，你就永远不会得到。

有个中年人不断地到教堂祈祷，而且他的祷告词几乎每次都相同。

第一次他到教堂时，都跪在圣坛前，虔诚地低语："上帝啊，请念在我多年来敬畏您的份上，让我中一次彩票吧！阿门。"

几天后，他又垂头丧气地回到教堂，同样跪着祈祷："上帝啊，为何不让我中彩票？我愿意更谦卑地来服侍您，求您让我中一次彩

票吧！阿门。"

又过了几天，他再次出现在教堂，同样重复他的祈祷。如此周而复始，不间断地祈求着。

到了最后一次，他跪着："我的上帝，为何您不倾听我的祈求？让我中彩票吧！只要一次，让我解决所有的困难，我愿终身奉献，专心侍奉您——"

就在这时，圣坛上空发出一阵宏伟庄严的声音："我一直在倾听你的祷告。可是最起码，你也该先去买一张彩票吧！"

失败者的借口通常是："我没有机会。"他们将失败的理由归结为没有人垂青他们，好职位总是让他人捷足先登。而那些意志力坚强的人则决不会找这样的借口，他们不等待机会，也不向亲友们哀求，而是靠自己的苦干去努力创造机会。他们深知唯有自己才能拯救自己。

在取得了一次战役胜利后，有人问亚历山大是否等待下一次机会，再去进攻另一座城市，亚历山大听后竟大发雷霆："机会？机会是靠我们自己创造出来的。"不断地创造机会，正是亚历山大之所以成为历史上最伟大帝王的原因，也唯有不断创造机会的人，才能建立轰轰烈烈的丰功伟绩。

5. 不同的人的时间价值也不一样

不同的岗位，时间的价值是不一样的。作为一个领导必须清楚自己的职责是什么，如果在小事或本属员工的工作上花费太多的时间，那就是对企业资源的极大浪费。

在富兰克林报社前面的商店里，一位犹豫了将近一个小时的男人终于开口问店员了：

"这本书多少钱？"

"1美元。"店员回答。

"1美元？"这人又问，"你能不能少要点？"

"它的价格就是1美元。"没有别的回答。

这位顾客又看了一会儿，然后问：

"富兰克林先生在吗？"

"在，"店员回答，"他在印刷室忙着呢。"

"那好，我要见见他。"这个人坚持一定要见富兰克林。于是，富兰克林就出来接见他。

这个人问：

"富兰克林先生，这本书你能出的最低价格是多少？"

"1美元25美分。"富兰克林不假思索地回答。

"1美元25美分？你的店员刚才还说1美元一本呢！"

"这没错，"富兰克林说，"但是，我情愿倒给你1美元也不愿意离开我的工作。"

这位顾客惊异了。他心想，算了，结束这场自己引起的谈判吧，他说：

"好，这样，你说这本书最少要多少钱吧。"

"1美元50美分。"

"又变成1美元50美分？你刚才不还说1美元25美分吗？"

"对。"富兰克林冷冷地说，"我现在能出的最好价钱就是1美元50美分。"

这人默默地把钱放到柜台上，拿起书出去了。

有一个也许不太确切但很形象的假设，说如果比尔·盖茨碰见地上有一张50美元的钞票，他不应该弯腰去捡，因为按照他创造财富的单位速度计算，这几秒钟创造的价值远大于50美元。举这个例子只是想说明：不同的人其时间的价值是不一样的。

6. 率队突破难关

只要不断地跳跃，就能跳出奶桶。当我们在工作或生活中遭遇困难和失败时，不要轻言放弃。只要鼓足勇气，坚定信念，朝着目标不懈努力，就一定会柳暗花明，梦想成真。

第二章
管理者不是高高在上——懂得激励才会有效率

两只青蛙在觅食中不小心掉进了路边的一只牛奶罐里，罐里还有为数不多的牛奶，但是足以让青蛙们体验到什么叫灭顶之灾。

一只青蛙想："完了，这么高的一只牛奶罐啊，我是永远也出不去了。"于是，它很快就沉了下去。

另一只青蛙在看见同伴沉没于牛奶中时，并没有沮丧、放弃，而是不断告诫自己："上帝给了我坚强的意志和发达的肌肉，我一定能够跳出去。"

一次又一次地奋起、跳跃——生命的力量与为达到目的的决心展现在它每一次的搏击与奋斗里。

不知过了多久，它突然发现脚下黏稠的牛奶变得坚实起来。原来，它的反复践踏和跳动，已经把液状的牛奶变成了一块奶酪！不懈地奋斗和挣扎终于使它从牛奶罐里跳了出来，重新回到绿色的池塘里。

而那一只沉没的青蛙就永远地留在了那块奶酪里，它做梦都没有想到会有机会逃出险境。

领导者不但自己要抱定成功的工作信念，还要激励随自己"觅食"的所有"青蛙"，要像那只持续跳跃的青蛙一样，一旦不小心掉进奶罐，只有靠自己的努力才能克服困难，绝处逢生。

7. 激励方式要因人而异

知人善任是领导者带好一个团队的关键。每一个领导者手下的员工都会存在各方面的差异，只有区别差异，了解特点，因人而用，才会实现团队的效率最大化。

某日一艘渡船缓缓离开码头，船上的乘客来自多个国家。

船至河中，船长发现由于超载，船就要倾覆了，既回不去又到不了目的地，唯一的办法就是甩掉几个乘客。

船长先找到一个怕死的人，告诉他船要沉了，唯一可以逃生的办法就是游过去，赖在船上就是死路一条。

怕死的人逃生技术高超，立刻跳入水中。

船长又找到一个有纪律性的人，告诉他这是服从纪律的需要。这人也跳下去了。

船长又告诉一个浪漫的人，你别怕，你跳水的姿势一定非常漂亮。

虚荣心得到满足后，那人也跳下去了。

最后，船长又找到一个爱财的人，船长说：

"放心！你的船票中我们已经给你投了100万美元的保险。"

这个人也跳了下去。

有的人喜欢服从，有的人喜欢虚荣，有的人崇尚理念，有的人看重利益。不同的人有不同的需求，同一个人在不同的时期有不同的欲望。

故激励最根本的原则就是区分不同的人，不同的时期灵活运用各种不同的激励手段，去满足人的种种需求。不加区别、长期运用一种激励手段的管理者很难调动员工的积极性。所以，在合适的时间里，对不同的人用不同的方法进行激励，是管理者的一个高明之举。

8. 压力催发动力

激励是一门艺术，聪明的领导应不拘常规，务求实效。压力即动力，有了动力，每个人都会激发出惊人的工作潜力。

一位推销员卖了一台机器给一家出版公司。

几个月后，他满怀信心地再去那家公司拜访，却看到机器原封未动，心中感到十分惊奇。便问道："是有什么毛病吗？"

"一点也没有，"总编辑说，"产量增加，效率提高！"

"究竟是怎么回事？"

"每天早晨，我警告职员说，假如你们不刻苦工作，加倍努力，那部机器就会取代你们！"

在竞争激烈的职场中，只有主动做事，自我加压的人，才能脱

颖而出，有所建树。作为领导，只要抓住"主动"这个关键部位，就能在缓解压力与高效工作之间取得平衡，至于用什么方式就是次要的了。

9. "恩"不可乱施

得到得太容易会让激励变成"滥赏"，员工对轻易得到的东西不会珍惜，滥用物质激励效果会适得其反。

一天，一个老头在森林里砍柴。他抡起斧子正准备砍一棵树，突然从树上飞出一只金嘴巴的小鸟。

小鸟对老头说："你为什么要砍倒这棵树呀？"

"家里没柴烧。"

"你不要砍倒它。回家去吧，明天你家里会有许多柴的。"说完，鸟就飞走了。

老头空手回到家，他对老伴说："上床睡觉吧，明天家里会有许多柴的。"

第二天，老伴发现院子里堆了小山似的一堆柴，就叫老头："快来看，快来看，谁在咱们家院子里堆了这么一大堆柴。"

老头把遇到了金嘴巴鸟的经过告诉了老伴，老伴说："柴是有了，可是我们却没有吃的。你去找金嘴巴鸟，让它给我们点吃的。"

老头又回到森林里的那棵树下。这时，金嘴巴鸟飞来了，它问：

第二章
管理者不是高高在上——懂得激励才会有效率

"你想要什么呀?"

老头回答说:"我的老伴让我来对你说,我们家没有吃的了。"

"回去吧,明天你们会有许多吃的东西的。"金嘴巴鸟说完又飞走了。

老头回到家,对老伴说:"放心吧,明天家里会有许多食物的。"

第二天,他们果真发现家里出现了许多自己想要的食物。他们饱餐了一顿后,老伴对老头说:"快去找金嘴巴鸟,让它送我们一个商店,商店里要有许许多多的东西,这样,往后我们的日子就舒服了。"

老头不太情愿地又来到了森林里的那棵树下。金嘴巴鸟飞来问他:"你还想要什么?"

"我的老伴让我来找你,她请你送给我们一个商店,商店里的东西要应有尽有。她说,这样我们就可以舒舒服服地过日子了。"

"回去吧,明天你们会有一个商店的。"金嘴巴鸟说。

老头回到家把经过告诉了老伴。

第二天他们醒来后,简直都不敢相信自己的眼睛了。家里到处都是好东西,老伴仔细地清理了这些东西以后,又对老头说:"再去找金嘴巴鸟,让它把我变成王后,把你变成国王。"

老头回到森林里,他找到了金嘴巴鸟,对它说:"我的老伴让我来找你,让你把她变成王后,把我变成国王。"

金嘴巴鸟冷漠地望了一下老头,说:"回去吧,明天早上你会变成国王,你的老伴会变成王后的。"

老头回到家,把金嘴巴鸟的话告诉了老伴。

第二天早上醒来,他们发现自己穿的是绫罗绸缎,吃的是山珍海味,周围还有着一大帮的侍臣奴仆。

可是,老伴对此仍不满足,她对老头说:"去,找金嘴巴鸟去,让它把魔力给我,让它来宫殿,每天早上为我跳舞唱歌。"

老头无奈地又去森林找金嘴巴鸟,他找了一整天,最后总算找到了它。老头说:"金嘴巴鸟,我的老伴想让你把魔力给她,她还让你每天早上去为她跳舞唱歌。"金嘴巴鸟不满地盯着老头,它说:"回去等着吧!"

老头回到家,他们高兴地等待着。

第二天起床后,他们发现自己被变成了两个又丑又小的小矮人。

这种现象在一些"暴发户式"的企业和地位优裕的单位最常见到。太容易得到的东西会刺激员工不健康的贪欲,他会永不满足,永远想得到自己不应得到的东西。作为员工,千万不要做那个不愿意以付出换取回报、不知道适可而止的老太婆;作为领导者,更不要做那个嘴巴一张乱施恩赏的金嘴巴鸟。

10. 别为下属频设"玻璃墙"

玻璃不但可以保护弱者,也可以制造弱者。

曾有人做过实验,将一只最凶猛的鲨鱼和一群热带鱼放在同一个池子,然后用强化玻璃从中间隔开。

第二章
管理者不是高高在上——懂得激励才会有效率

最初,鲨鱼每天不断冲撞那块看不到的玻璃,无奈这只是徒劳,它始终不能游到对面去,而实验人员每天都放一些鲫鱼在池子里,所以鲨鱼也没缺少猎物,只是它仍想游到对面去,想品尝那美丽鱼儿的滋味,每天仍是不断地冲撞那块玻璃。

它试了每个角落,每次都是用尽全力,但每次也总是弄得伤痕累累,有好几次撞的都浑身破裂出血。这样持续了好一些日子,每当玻璃一出现裂痕,实验人员马上加上一块更厚的玻璃。

后来,鲨鱼不再冲撞那块玻璃了,对那些斑斓的热带鱼也不再在意,好像他们只是墙上会动的壁画。它开始等着每天固定会出现的鲫鱼,然后用他敏捷的身体进行狩猎,好像找回了在海中那不可一世的凶狠霸气,但这一切只不过是假相罢了。

实验到了最后的阶段,当实验人员将玻璃取走时,鲨鱼却没有反应,每天仍是在固定的区域游着;它不但对那些热带鱼视若无睹,甚至于当那些鲫鱼逃到那边去,它就立刻放弃追逐,说什么也不愿再过去,实验结束了,实验人员讥笑它是最懦弱的鲨鱼。

凶猛的鲨鱼变成一条最懦弱的鱼,这是鲨鱼的悲哀。在一个团队当中,总会有少数能力与性格同样异于他人的人,善加利用,他会成为这个团队的排头兵和动力源;但如果也放一个强化玻璃墙让他三天两头撞得头破血流,最终他也会像那条鲨鱼一样成为碌碌无为的庸才。

11. 任免得当，优胜劣汰

甘受磨难，把吃苦当做吃补品，职业生涯才会步步升高。只有善任和善免有机地结合起来，才能使更多优秀人才脱颖而出，使企业人才队伍充满生机和活力。

有个著名的雕刻师傅准备塑造一尊佛像让人膜拜，精挑细选后，他看上了一块质感上乘的石头。没想到才拿起锉刀开始敲琢几下，这块石头就痛不欲生，不断哀嚎："痛死了，痛死了，呀，不要再刻了，饶了我吧！"

师傅只好停工，任其躺在地面，另外再找了一块质感差一点的石头，重新琢磨。只见这块较差的石头，任凭刀琢棒敲一概咬紧牙根坚忍承受，默然不出一语，师傅更加卖力，精雕细琢下，果然雕成了极品。大家称其为杰作，决定加以供奉，供善男信女日夜顶礼膜拜。从此，该庙宇香火鼎盛，远近驰名。

不久，无法忍受雕刻之痛的前一个石头，被人废物利用，铺在通往庙宇的马路上。人车频繁经过，又要承受风吹雨打，实在痛苦不堪，内心亦愤愤不平，质问庙里这尊佛像，说道："你资质比我差，却享尽人间礼赞尊崇，我却每天遭受凌辱践踏，日晒雨淋，为什么？"

佛像只是微笑说："谁叫你当初受不了苦，没敲几下就哇哇叫！"

任何管理中的激励手段都是有条件的，对于那些拈轻怕重、干工作挑三拣四、总怕自己吃亏的员工，对于那些经受不起批评、遇事推托的员工，最好的"激励"手段也许只能让他做一块废物利用的石头铺在马路上。

管理者要知人善任，还要知人善免，在管理活动中真正形成能者上、庸者下、劣者淘汰的机制，这就要不可避免地将一些不能胜任工作的人淘汰下来。

市场就是战场，竞争是残酷的，在市场中为了赢得主动，在用人问题上，你不能被其他非理性因素所羁绊。不行的人，就得让他走人。

12. 鲶鱼效应

背后加一双手，头上悬一把剑，有时更能激发团队的活力。企业在发展过程中，必须不断地抛弃过去某些行之有效的东西，同时逐渐吸纳一些新的活力因素，这样才能够与时俱进。

沙丁鱼被渔民从海中捕捞上来以后，无论采取什么办法，都很难保障它存活较长的时间。所以通常人们在市场上很难买到活的沙丁鱼。

但在欧洲有个渔村，这里的渔民从海里捕捞沙丁鱼后，却能让它活着被送到集市去卖，自然大获其利。这一现象引起了其他地方

的渔民的注意。经多方了解,他们终于揭开了这个秘密。

原来,当地的渔民在捕捞沙丁鱼时,事先在鱼舱里放几条沙丁鱼的天敌——一种叫老鲶鱼的鱼。渔民把捕捞上来的沙丁鱼放进鱼舱后,沙丁鱼始终被老鲶鱼追赶,处于疲于逃命的紧张状态,正是这种紧张状态才使得沙丁鱼有了活力,保障其长时间存活。

进行激励式管理时不仅要运用顺向思维——物质奖励、精神奖励、晋升、温和的批评、严厉的训斥等,当这些手段效果不明显时,不妨采用逆向思维,找一条"鲶鱼"混迹其中,说不定,一个死气沉沉的团队真能被他激活了。领导智慧往往只需换一个思维视角便能收到奇效。

政治经济学原理告诉我们,生产力必须适应生产关系的发展,上层建筑必须适应经济基础的发展。在企业里,激励机制如果不能随着企业的业务发展而同步前进,企业的运行机能就不可能协调,企业的综合实力也就不可能得到增强。也就是说,管理的阶段性特征很明显。

还是回到根本,管理不是做给别人看的,加强管理是为了减少企业内部的交易成本,是为了更好地调动、发挥每个员工的主观能动性只要这个目的达到了,是否符合理论都是次要的。日本一流围棋选手大竹英雄以十分注重棋形美观著称,"宁肯漂亮地输,也不愿丑陋地赢"这句名言就出自他的口中。但对于管理者来说,这种心态是万万要不得的!企业的目标就是盈利,就是要自始至终地争胜争赢,只要能够达到这个目的,不管什么管理模式,哪怕表面上再不"合理",都应该考虑接受。

13. 知人善用，公正公平

对员工的能力做到心中有数，利益分配才能客观公允。管理者的一个首要职责，就是制定一系列公开的制度，为员工提供公正、公平的环境，只有这样，优胜劣汰的机制才能显现，企业的效率才会提高。

主人将货物分成两份，平均分给驴子和骡子。

驴子看到自己背的东西和骡子一样多很气愤地说："人们给骡子吃的食物比我多一倍，却让我和它驮负一样重的货物。"走了一段路以后，主人看到驴子支持不住了，就把它身上的货物移一部分到骡子背上。

再走了一段路以后，驴子更没精神了，主人只好又把货物移过去一部分。最后驴子身上空无一物。这时骡子瞪着驴子说："你现在还会认为我不该多吃一倍食物吗？"

判断一个人的能力，一定要长期观察才可下评论。在一个团队中谁叫得欢谁得到的多是管理中的大忌，其直接后果是，"驴子"和"骡子"吃得一样多，甚至因为"驴子"不断的抱怨不能得到更多的食物，便给他另开小灶，那么"骡子"必定吃不饱。

"驴子"与"骡子"随"主人"上路后，当"体力"一般的"驴子"支撑不住，"主人"想依靠那头"体力"上乘但总是默默无

语的"骡子"时,恐怕他也已精疲力竭,或者干脆就罢工了。因此作为"主人",必须对手下的"驴子"、"骡子"们的"体力"、"饭量"有一个清醒的认识,给其一个公平、公正的待遇,这样才能使其各展所能,各得其所。

14. 控制好自己的脾气与嘴巴

管理者对员工的表现不满意,要让员工知道。但在表达该信息时要注意不可伤害员工的感情,不要故意地、恶意地去批评他人。无论是从眼前利益还是从长远利益来看,这都是有害而无益的。

从前,有个脾气很坏的小男孩儿,经常乱发脾气,小朋友都不愿意跟他玩儿,他很苦恼。一天,父亲给了他一袋儿钉子,要求他每发一次脾气都必须用铁锤在他家后院的栅栏上钉一颗钉子。第一天,小男孩共在栅栏上钉了29颗钉子。

过了几个星期,由于学会了控制自己的愤怒,小男孩儿每天在栅栏上钉钉子的数目逐渐减少了。他发现控制自己的坏脾气比往栅栏上钉钉子要容易多了……最后,小男孩儿变得不爱发脾气了。

他把自己的转变告诉了父亲。他父亲又建议说:"如果你能坚持一整天不发脾气,就从栅栏上拔下一颗钉子。"半年后小男孩儿终于把栅栏上所有的钉子都拔掉了。

父亲拉着他的手来到栅栏边,对他说:"儿子,你做得很好。但是，你看那些钉子在栅栏上留下了那么多小孔，栅栏再也不会是原来的样子了。当你向别人发过脾气之后，你的言语就像这些钉子孔一样，会在人们的心灵中留下疤痕。你这样做就好比用刀子刺向了某人的身体，然后再拔出来。无论你说多少次对不起，那伤口都会永远存在。"

言语对人造成的伤害与伤害别人的肉体没什么两样。谁也不愿意自己的心灵被"钉"得千疮百孔，作为上司，就更应该学会控制好自己的脾气与嘴巴，善待下属，你的团队才会更有凝聚力。

员工不喜欢被暴跳如雷的管理者斥责，哪怕在私下里，尽量抑制怒气，避免人身攻击，更不要羞辱员工。要运用建设性的批评，同时认清员工的优点和缺点，尽量让员工保全面子，要鼓励员工，而不是把他击垮。

当批评某一任务的执行者时，要针对任务本身，不要涉及雇员的其他方面或他们的整体工作。要讲清楚怎样换种方式来执行该任务，以便达到预期的目标。

15. 透过表面看深层

有效激励以对事实的正确认识为前提。领导的实践活动最终还是归结到领导者首先要对他所管理的人和事有一个准确判断，

一户人家养了一条狗、一只猫。

别让管理再蒙人
BieRang GuanLi ZaiMengRen

狗是勤快的。每天,当主人家中无人时,狗便竖起两只耳朵,虎视眈眈地巡视在主人家的周围,哪怕有一丁点儿的动静,狗也要狂吠着疾奔过去,就像一名恪尽职守的警察,兢兢业业地为主人家做着看家护院的工作。

每当主人家有人时,他的精神便稍稍放松了,有时还会伏地小憩。于是,在主人家每一个人的眼里,这只狗都是懒惰的,极不称职,因此经常不喂饱它,更别提奖赏它好吃的了。

猫是懒惰的。每当家中无人时,便伏地大睡,任由三五成群的老鼠在主人家中肆虐。睡好了,就四处走走,活动活动身子骨。等主人家中有人时,它的精神也养好了,这儿瞅瞅,那儿望望,极像一名恪尽职守的警察,时不时地,它还要去给主人舔舔脚、逗逗趣。在主人的眼中,这无疑是一只极勤快、极尽职守的猫。好吃的自然给了它。

由于猫的不尽职守,主人家的老鼠越来越多。终于有一天,老鼠将主人家最值钱的家当咬坏了,主人震怒了。他召集家人说:"你们看看,我们家的猫这样勤快,老鼠竟然还猖狂到了这种地步,我认为一个重要的原因就是那只懒狗,它整天睡觉也不帮猫捉几只老鼠。我郑重宣布,将狗赶出家门,再养一只猫。大家意见如何?"家人纷纷附和说,这只狗是够懒的,每天只知道睡觉,你看猫,每天多勤快,抓老鼠吃得多胖,都有些走不动了。是该将狗赶走,再养一只猫。

于是,狗被一步三回头地赶出了家门。自始至终,它也不明白赶它走的原因。它只看到,那只肥猫在它身后窃窃地、轻蔑地笑着。

在一个团队、一个企业中为什么会经常看到奖懒罚勤、奖失罚忠的现象呢？领导的学问莫测高深，管理学的著述汗牛充栋，但绕一个再大的圈子，还是要有一双能够透过表面看深层、透过现象看本质的火眼金睛；还要善于通过看到的不是那么清楚的表象去作细致的调查、分析，从而使自己的判断尽可能地接近真相。别像那家主人看重懒猫，而赶走忠于职守的狗。

16. 赞美要恰到好处

恰如其分的真诚赞美肯定会让员工精神愉悦，赢得员工的信任和好感。善于倾听和鼓励的管理者会创造高效；只会批评的管理者只能面对失败。

凯瑟琳决定做一个实验。对她来说，这可是一次崭新的经验。你知道吗？她与我们大部分人有相同的问题，就是习惯批评别人。直到一天早上，她读到一句话："我们不可再彼此论断。"她感觉这是在提醒她，今天不要批评别人。

她决定尝试一下，不再批评别人。

整个早上，她一直在想今天结束时将会是如何。与丈夫和朋友共进午餐时，她除了比平日安静以外，一切都跟平时一样。她所以安静，是因为不愿意把论断加入谈话。她并非决意不说话，只是不批评而已。这时她惊讶地发现，平日她的话语中有那么多的批评和

论断的成分。

于是她一直安静,似乎没有人注意到,她自己的骄傲因此受到一点小小的挑战。

直到下午,才发生一件特别的事,她的思想和创意如同水闸被打开的水一般涌现,那是好久好久都没有发生过的情形。到当天结束时,她惊讶地发现停止批评所带来的结果:写信鼓励朋友、为一位大学朋友祷告、请求孩子的宽恕,这些想法都很自然地出现,因为中间没有批评的意念来拦阻。凯瑟琳一天的实验,后来成为终身的习惯。

如果说真诚的赞美是沟通人与人之间的桥梁,那么过度的批评便是隔绝心灵的鸿沟。没有人愿意听别人的批评和指责,每个人都有自己的观点和主张,作为领导,不要自以为是地把自己的想法强加于人。停止批评,学会倾听和鼓励,你会发现工作原本可以做得更好。

身为领导者,若是你能恰到好处地给你的员工戴一戴高帽,定能对你改善与员工的人际关系带来意想不到的好处,赢得你员工的好感和信任。更重要的是,它有时能给你那不太自信的员工以极大的激励,让他们能精神抖擞、自信地去完成你交给他们的任务。

17. 痛苦的经历会让员工更成熟

教会员工"承受"工作中的各种困难、挫折和痛苦，并从中品尝工作的乐趣。这样的经历能使员工尽快成熟起来，顺利地投入到工作中。

有一个国王和一个奴隶同坐一条船。那奴隶从来没有见过海洋，也没有尝过坐船的"苦"。他一路哭哭啼啼，战栗不已。大家百般安慰他，他仍继续哭闹。

国王被他扰得不能安静，大家始终想不出办法来。船上有一位哲学家说道："您若许我试一试，我可以使他安静下来。"

国王说道："这可真是功德无量。"

哲学家立刻叫人把那奴隶抛到海里去，他沉浮了几次，人们才抓住他的头发，把他拖到船边。他连忙双手紧紧地抱着船舵，人们才把他拖到船上。

他上船以后，坐在一个角落里，不再做声。

刚坐上"工作"这条船的员工，对工作中的苦恼和不顺利常会反应过度，以这样的心态和表现既做不好事情，还会影响其他员工和整个团队的工作情绪和工作状态。这时候领导者的领导方式显得至为重要：怜悯、同情只能暂时让他安静一会儿；把他应该经历的痛苦一骨脑抛给他，反倒可能让他成熟得更快一些。

18. 要适当地"放手"

对于员工的成长,你的嘴巴代替不了他必须经受的历练。遇上一个自以为聪明的领导绝不是员工的幸福。你每走一步他都要指点一番,你每做一事他都批评一番,在他的嘴巴下,员工将成为永远长不大的孩子。

有一座教堂,很小,只有一个看门人。但是据说那里的上帝很灵,有求必应,因此来求的人很多。看门人看着上帝每天应接不暇,很是同情,就自告奋勇对上帝说:"你下来休息一会儿吧,我来代替你站着。"上帝想了想,同意了。不过他提了一个条件:"当你站在上面时,不管看到什么,听到什么,都不能说话。"这似乎是一个不成问题的问题,非常简单,看门人欣然答应。于是,上帝走下来坐在看门人的位置上休息,看门人站到了上面。

每天来求的人的确很多,而且提出的要求五花八门,看门人惊奇万分,但都忍着不说。直到有一天,先是来了个富翁,求富贵的,走时将一袋钱币遗失在教堂里。接着进来的是一个穷人,他的一家四口正处于饥饿之中,来求上帝救助,当他站起身时,意外地发现了这袋钱,大喜而泣:"哦,上帝,你可真灵!"当他拎起钱袋跑走后,又进来一个年轻人,年轻人要出海远航,特来祈求平安。正祈祷着,那个丢了钱的富翁匆匆地跑回来了,一口咬定是他捡了钱,抓住年轻人死不肯放……两人闹得不可开交之际，看门人憋不住开口了……不消说，富翁立即奔出去找那个穷人，而年轻人匆匆起身去赶那班船。

当他们都走后，上帝气愤地站起来："谁让你说话的？你给我下来。"看门人也很气愤："难道我说的不是真相吗？"上帝说："不错，你说的是真相。但是，你知道吗？那个富翁的钱是准备去嫖娼的，理应丢失；那个穷人一家都快饿死了，那袋钱本可救这一家子；而最可怜的是那位年轻人，本来再纠缠一会儿，他就晚点了，现在，他乘坐的那只船正在触礁沉没……"

熟读《三国演义》的人们对料事如神的诸葛亮钦佩不已，长期以来国人更是将其"锦囊妙计"视为领导者成功谋略的典范。诸葛亮的锦囊妙计真的完美无缺吗？绝对不是。事实上，诸葛亮犯了一个不可饶恕的错误——事必躬亲，直接插手员工内部的事务，没有充分尊重员工作为执行者的主动性、创造性和独立性。《三国演义》强化诸葛亮作为谋略家的多智，带来了一个长期被人们所忽视的严重后果——领导者直接插手员工的执行活动，且让这一行为名正言顺。

19. 赏罚并行，对症下药

奖与惩是相对的，只有效果是绝对的。强调分享而不强调独吞，强调激励而不强调指责。侧重于正面的、积极的一面，而回避那被

视为负面的、消极的一面。这种只赏不罚,只赞不贬,在别的工作的层面上可能具有正确的意义,但对企业管理而言,却不能这样。

　　一位长老酷爱打高尔夫球。

　　在一个安息日,他觉得手痒,很想去挥杆,但犹太教规定,信徒在安息日必须休息,什么事都不能做。

　　这位长老却终于忍不住,决定偷偷去高尔夫球场,想着打九个洞就好了。

　　由于安息日犹太教徒都不会出门,球场上一个人也没有,因此长老觉得不会有人知道他违反规定。

　　然而,当长老在打第二洞时,却被天使发现了,天使生气地到上帝面前告状,说某某长老不守教义,居然在安息日出门打高尔夫球。

　　上帝听了,就跟天使说,一定要好好惩罚这个长老。

　　第三个洞开始,长老打出超完美的成绩,几乎都是一杆进洞。

　　长老兴奋莫名,到打第七个洞时,天使又跑去找上帝:"上帝呀,你不是要惩罚长老吗?为何还不见有惩罚?"

　　上帝说:"我已经在惩罚他了。"

　　直到打完第九个洞,长老都是一杆进洞。

　　因为打得太好了,于是长老决定再打九个洞。

　　天使又去找上帝了:"到底惩罚在哪里?"

　　上帝只是笑而不答。

　　打完十八洞,成绩比任何一位世界级的高尔夫球手都优秀,把长老乐坏了。

天使很生气地问上帝:"这就是你对长老的惩罚吗?"

上帝说:"正是。你想想,他有这么惊人的成绩以及兴奋的心情,却不能跟任何人说,这不是最好的惩罚吗?"

大家都喜欢获赏,因为赏对自己有好处,无论这好处是属于物质金钱方面的,还是其他方面的福利,或是纯粹精神性的,都一样具有激励作用。赏和罚需要并行,有功则赏,有过则罚。一纸的两面,构成了管理者对于下属功过的完整态度。

同时领导者必须清楚,奖或惩应因人、因事而异,才能起到相应作用。工作如人生不是独角戏,快乐和痛苦都要有人分享,没人分享的成功是一种最残酷的惩罚。对症下药,奖惩的效果才会达到最佳。

20. 以事实为准绳

如果出发点一开始就已经错了,制度定得越完善,其危害越大。一些我们认为公正的制度,实际上却损坏了人的基本权利

森林中的动物选举大象当他们的父母官。

一般说来,大象都是比较聪明的,然而也有例外。这位父母官身材跟它的亲族一样高大,头脑却糊涂,和亲族不同。他非常仁慈,连一只苍蝇也不忍伤害。

有一次,这位菩萨心肠的父母官收到羊送来的一份诉状:恳求

他禁止狼剥羊皮。"混账东西！"大象对狼喝道，"你们这是搞的什么名堂？完全是丑恶的勾当！谁批准你们抢劫的？"

"并非抢劫，大人。"狼辩解道，"这实在是一种制度。冬天来了，我们总得有过冬的袍子，这样就得让我们从羊身上稍微抽点儿捐税。如果它们吵吵嚷嚷，那是它们不讲道理。我们一点儿也不过分，我们不过跟每一位好姐妹要张皮，可是，它们却不肯爽爽快快地拿出来，这怎么能怪我们呢？"

"原来是这么回事啊！"父母官说道，"哦，既然法律许可，就剥张皮吧！除此以外，可不能动它们一根毫毛！不公平我可不答应！"

事实与公正是一个判断能够发挥正确作用的前提。作为领导，你的决定不仅要以制度为依据，更要以制度背后的事实为准绳，才能抑恶扬善，得到一个自己真正想要的结果。所有负责行动和决策的人，都应该像管理者一样工作和思考。

21. 管理者要有自己的立场

没有独立的思维方法、生活能力和自己的主见，那么，管理就无从谈起。众人观点各异，想听也无所适从。只有把别人的话当参考，按着自己的规定、原则和主张走，一切才会处之泰然。

在一个城市里住着一个傻瓜，他为大家都把他看成傻瓜而感到苦恼。

第二章
管理者不是高高在上——懂得激励才会有效率

有一天,一位专门为人解答人生困境的智者来到这座城市,傻瓜便跑来向智者求助。

"你有什么生命的困境呢?"智者问。

"我不喜欢别人把我看成傻瓜,请问有什么方法可以让别人把我看成是聪明人呢?"傻瓜说。

"这非常简单,从现在开始,不管任何事情,你都给予最多最无理的批评,特别是对那些美好的事情加以批评,七天以后,大家都会认为你是聪明人了。"

"就这么简单吗?那我该怎么做呢?"

"例如,若有人说:'今晚的月色很美!'

"你就立刻加以批评,直到别人相信月色对人生无用为止。

"若有人说:'生命中最重要的是爱!'

"你也立刻加以批评,直到别人相信爱对人生一点也不重要。

"若有人说:'这本书写得很好!'

"你仍然立即加以批评,直到别人相信人生根本不需要书。

"所有的事都这样,你懂了吗?"

"懂了!懂了!"

傻瓜说:"但是只要这么做,人就会相信我不是傻瓜吗?"

"相信我!我会在这里停留七天,七天之后你来,我保证别人不管你的内在是不是傻瓜,他们都会认为你是聪明人了。"

傻瓜于是就照智者教导的去做了,他不论听到任何事情,总是立刻跳起来批评,把他所知道的所有非理性的字眼都倾吐出来,直到别人相信他才停止。

七天之后,傻瓜回来探望智者,他的后面跟随着一千多个门徒,对傻瓜毕恭毕敬,并且称呼他为"大师"。

很多领导愿意发表与下属不同的见解,习惯于批评他人,以示自己的高明。而人们的焦点也永远放在被批评的事情上,很少人注意到那些批评的人是不是傻瓜。以至于傻瓜都有了追随者。不想成为傻瓜或傻瓜的追随者,就要独立思维,不在表面的评论中打转;要对团队的成长,保持正向和喜悦的态度。

从另一方面看,要想成为一个真正高明的管理者,你必须先是个不盲从的人。你心灵的完整性是不可侵犯的,当你放弃自己的立场,而想用别人的观点去看一件事的时候,错误便造成了。

22. 一手拿"萝卜",一手挥"大棒"

企业在管理员工时往往会遇到这样一个难题:是以激励为主还是以惩处为主?这涉及管理学中的 X 理论和 Y 理论,即把人的本性看做是向善的还是向恶的;如果认为是向善的,就会以激励为主,通过激励激发员工的工作热情,提高员工的工作效率;如果认为是向恶的,就会以惩罚为主,通过严惩规范员工行为,使员工在制度规范的约束下,集中精力工作,提高工作效率。事实上,在具体的操作中,往往二者并用,赏罚分明。问题是,有的领导在管理中不善于惩罚,只善于激励;有的领导只善于惩罚,不善于激励。尤其具体到一件事情当中，比如员工犯错误时就只有惩罚，他们认为，不惩罚不能起到杀一儆百的作用，不惩罚就不能体现规章制度的严肃性，不惩罚就不能显示管理者的威严。

拿破仑在一次打猎的时候，看到一个落水男孩，一边拼命挣扎，一边高呼救命。这河面并不宽，拿破仑不但没有跳水救人，反而端起猎枪，对准落水者，大声喊到：你若不自己爬上来，我就把你打死在水中。那男孩见求救无用，反而增添了一层危险，便更加拼命地奋力自救，终于游上岸。

对待自觉性比较差的员工，一味地为他创造良好的软环境，去帮助他，并不一定让他感受到"萝卜"的重要，有时反而离不开"大棒"的威胁。偶尔利用你的权威对他们进行威胁，会及时制止他们消极散漫的心态，激发他们发挥出自身的潜力。自觉性强的员工也有满足、停滞、消沉的时候，也有依赖性，适当的批评和惩罚能够帮助他们认清自我，重新激发新的工作斗志。

23. 认准目标，矢志不移

一个人要使自己的生活有意义，就要树立远大的理想。当然，你如果还没有想好应该怎么实行，会认为自己的目标定得很大，完成预定目标可能有困难。在完成目标时，要有自信心，不能半途而废，要坚持做下去，要反复地认真地将其做好。你要调整自己的心

态，不断地鼓励自己，相信自己一定能做好一件小事。只要你想认真完成这件事，坚信你就会做好它。

一个鱼塘与湖泊之间仅有一道不高的龙门相隔。鱼塘里养了好多鲤鱼，渔民每天给他们投食、换水、换气，很多鲤鱼都觉得生活得非常幸福，可一条小鱼却对大家说："我们生活在这里早晚有一天会被捞出去被人吃掉的，不如大家一起设法跳过那道龙门，到湖里去过更自在的日子。"

同伴们都嘲笑它杞人忧天和不自量力，大多劝它不要白日做梦了，凭它的小个子是不可能跳过龙门的。小鲤鱼见得不到众鱼的支持就不再说话了，每天专心地跳龙门。一个月过去了，虽然还是无法跳过龙门，但是小鲤鱼的跳跃技巧明显娴熟了很多。

一天，就在渔民为鱼塘加水时，小鲤鱼借着水势的缓涨，终于跳过了曾经高不可跃的龙门，快乐地畅游在湖泊的自由水域里。而那些鱼塘的鲤鱼，最终都成了餐桌上的美味。

当你认准了目标，就不要害怕别人的不解和嘲笑，只要不停地激励自我，采取正确的行动，终有成功的一天。

24. 为目标分段

目标只是一个大的方向，要想在实施过程真正执行到位，还需要对其进一步的量化、分解。目标量化是一种标准和尺度，目标分

第二章
管理者不是高高在上——懂得激励才会有效率

解是一种艺术。组织目标要实现由上到下的逐级量化，使其具有可测性。

1984年，在东京国际马拉松邀请赛中，名不见经传的日本选手山田本一出人意料地夺得了世界冠军。当记者问他凭什么取得如此惊人的成绩时，他说了这么一句话：凭智慧战胜对手。

当时许多人都认为这个偶然跑到前面的矮个子选手是在故弄玄虚。马拉松赛是体力和耐力的运动，只要身体素质好又有耐力就有望夺冠，爆发力和速度都还在其次，说用智慧取胜确实有点勉强。

两年后，意大利国际马拉松邀请赛在意大利北部城市米兰举行，山田本一代表日本参加比赛。这一次，他又获得了冠军。记者又请他谈经验。

山田本一性情木讷，不善言谈，回答的仍是上次那句话：用智慧战胜对手。这回记者在报纸上没再挖苦他，但对他所谓的智慧迷惑不解。

10年后，这个谜终于被解开了，他在他的自传中是这么说的：每次比赛之前，我都要乘车把比赛的线路仔细地看一遍，并把沿途比较醒目的标志画下来，比如第一个标志是银行，第二个标志是一棵大树，第三个标志是一座红房子……这样一直画到赛程的终点。比赛开始后，我就以极快的速度奋力地向第一个目标冲去，等到达第一个目标后，我又以同样的速度向第二个目标冲去。40多公里的赛程，就把我分解的几个小目标轻松地跑完了。起初，我并不懂这样的道理，我把我的目标定在40多公里外终点线上的那面旗帜上，结果我跑到十几公里时就疲惫不堪了，我被前面那段遥远的路程给

吓倒了。

目标的力量是巨大的。目标应该远大,才能激发你心中的力量,但是,如果目标距离我们太远,我们就会因为长时间没有实现目标而气馁,甚至会因此而变得自卑。山田本一为我们提供了一个实现远大目标的好方法,那就是在大目标下分出层次,分步实现大目标。设定一个正确的目标不容易,实现目标更难。把一个大目标科学地分解为若干个小目标,落实到每天中的每一件事上,不失为一种大智慧。

对于企业来说,最终实现组织目标需要把目标量化为每个部门每个人的分目标。目标与行为的量化一方面可促进企业人的行为标准化;另一方面还可加强企业正确做事的能力。

第二章

管理者的水平不容忽视
——领导看多远团队就走多远

对于一个团队而言，领导者设定的目标是照亮前进路途的灯塔。以目标为盾，困难、障碍之矛就显愚钝得多。一个好的目标既不能鼠目寸光,也不能好高骛远,它彰显的是管理者的智慧。而快速、正确的决策是缩短起点与目标距离的有效途径。这就需要管理者必须具备很高的管理、决策水平。

1. 有了目标，工作才有快乐

不设目标的工作永远在慵懒和等待中消磨时日，又哪有快乐可言？就如台阶不单是为了承载重量，而是为了帮助一个人的脚步达到新的高度。事业目标是企业对员工的一种利益吸引，也是对员工行为方向的一种引导。

一群年轻人到处寻找快乐，却遇到许多烦恼、忧愁和痛苦。

他们来到海边向哲人请教："快乐到底在哪里？"哲人说："你们还是先帮我造一条船吧！"

这些年轻人暂时把寻找快乐的事儿放到一边，找来造船的工具，用了七七四十九天，锯倒了一棵又高又大的树，挖空树心，造出一条漂亮的独木船。

独木船下水了，他们把哲人请上船，一边合力荡桨，一边齐声高歌。哲人问："孩子们，你们快乐吗？"

他们齐声回答："非常快乐！"

哲人道："快乐就是这样，它往往在你为着一个明确的目的忙得无暇顾及其他的时候，突然来访。"

目标与快乐之间有什么必然的联系吗？一个最简单的逻辑关系是：有了目标心里就有了底气，有了底气工作起来就不怕困难，不怕困难就能享受到克服困难后的快乐。因此，领导者不仅仅停留于制定目标，还要让大家都清楚这个目标。

2. 让员工看到回报

把员工目标与企业目标间的直接关系用准确、精炼的语言写出来，是一件很必要的事。员工应该看到怎样取得成就与提高工作效率会有助于推动企业目标的完成。同时，员工也有必要去了解企业会怎样回报员工，以便帮助员工实现自己的目标。

美国一位著名心理学家为了研究母亲对人一生的影响，在全美选出50位成功人士，他们都在各自的行业中获得了卓越的成就，同时又选出50位有犯罪记录的人，分别去信给他们，请他们谈谈母亲对他们的影响。有两封回信给他的印象最深。一封来自白宫一位著名人士，一封来自监狱一位服刑的犯人。他们谈的都是同一件事：小时候母亲给他们分苹果。

那位来自监狱的犯人在信中这样写道："小时候，有一天妈妈拿来几个苹果，红红的，大小各不同。我一眼就看见中间的一个又红又大，十分喜欢，非常想要。这时，妈妈把苹果放在桌上，问我和弟弟：'你们想要哪个？'我刚想说想要最大最红的一个，这时弟弟抢先说出我想说的话。妈妈听了，瞪了他一眼，责备他说：'好孩子要学会把好东西让给别人，不能总想着自己。'

"于是，我灵机一动，改口说：'妈妈，我想要那个最小的，把大的留给弟弟吧。'

"妈妈听了,非常高兴,在我的脸上亲了一下,并把那个又红又大的苹果奖励给我。我得到了我想要的东西,从此,我学会了说谎。以后,我又学会了打架、偷、抢,为了得到想要得到的东西,我不择手段。直到现在,我被送进监狱。"

那位来自白宫的著名人士是这样写的:"小时候,有一天妈妈拿来几个苹果,红红的,大小各不同。我和弟弟们都争着要大的,妈妈把那个最大最红的苹果举在手中,对我们说:'这个苹果最大最红最好吃,谁都想要得到它。很好,现在,让我们来做个比赛,我把门前的草坪分成三块,你们三人一人一块,负责修剪好,谁干得最快最好,谁就有权得到它!'

"我们三人比赛除草,结果,我赢了那个最大的苹果。

"我非常感谢母亲,她让我明白一个最简单也最重要的道理:想要得到最好的,就必须努力争第一。她一直都是这样教育我们,也是这样做的。在我们家里,你想要什么好东西要通过比赛来赢得,这很公平,你想要什么,想要多少,就必须为此付出多少努力和代价!"

这是一个关于儿童教育的故事,但其中体现出的管理思想一样令我们深思。在一个企业里,一个大大的红包,一次难得的晋升机会就是那个"最大的苹果",谁想得到它就需要用身体力行的付出和卓而不凡的业绩来争取。

这样就会形成一个为了"最大的苹果"的良性竞争气氛。相反,如果只能依靠谎言和暗箱操作得到它,那目标就成了毒化企业管理细胞的毒草,不要也罢。为了自己认可的目标而付出,谁都会心甘情愿。

3. 出发之前，要先有目标

目标的巨大精神能量怎样估计都不过分。在管理活动中，领导者有责任把目标带入公司，激励众人实现远景。但是主管切须谨记，你并不是单单为了公司而拟定目标，同时也是为了自己。

在非洲一片茂密的丛林里，走着四个皮包骨头的男子，他们扛着一只沉重的箱子，在茂密的丛林里踉踉跄跄地往前走。

这四个人是巴里、麦克里斯、约翰斯、吉姆，他们是跟随队长马克格夫进入丛林探险的。马克格夫曾答应给他们优厚的工资。但是，在任务即将完成的时候，马克格夫不幸得了病而长眠在丛林中。

这个箱子是马克格夫临死前亲手制作的。他十分诚恳地对四人说道："我要你们向我保证，一步也不离开这只箱子。如果你们把箱子送到我朋友麦克唐纳教授手里，你们将分得比金子还要贵重的东西。我想你们会送到的，我也向你们保证，比金子还要贵重的东西，你们一定能得到。"

埋葬了马克格夫以后，这四个人就上路了。但密林的路越来越难走，箱子也越来越沉重，而他们的力气却越来越小了，他们像囚犯一样在泥潭中挣扎着。一切都像在做噩梦，而只有这只箱子是实在的，是这只箱子在支撑着他们的身躯！否则他们全倒下了。他们互相监视着，不准任何人单独乱动这只箱子。在最艰难的时候，他

们想到了未来的报酬是多少,当然,有了比金子还重要的东西……

终于有一天,绿色的屏障突然拉开,他们经过千辛万苦终于走出了丛林。四个人急忙找到麦克唐纳教授,迫不及待地问起应得的报酬。教授似乎没听懂,只是无可奈何地把手一摊,说道:"我是一无所有啊,噢,或许箱子里有什么宝贝吧。"于是当着四个人的面,教授打开了箱子,大家一看,都傻了眼,满满一堆无用的石头!

"这开的是什么玩笑?"约翰斯说。

"一文钱都不值,我早就看出那家伙有神经病!"吉姆吼道。

"比金子还贵重的报酬在哪里?我们上当了!"麦克里斯愤怒地嚷着。

此刻,只有巴里一声不吭,他想起了他们刚走出的密林里,到处是一堆堆探险者的白骨,他想起了如果没有这只箱子,他们四人或许早就倒下去了……巴里站起来,对伙伴们大声说道:"你们不要再抱怨了。我们真地得到了比金子还贵重的东西,那就是生命!"

马克格夫是个智者,而且是个很有责任心的人。从表面上看,他所给予的只是一堆谎言和一箱石头,其实,他给了他们行动的目的。人不同于一般动物之处是人具有高级思维能力,因此人就无法和动物一样浑浑噩噩地生活,人的行动必须有目的。有些目的最终仍无法实现,但至少,他会让你的团队走得更远些。

管理者必须不断突破,站在远见的巅峰。滞留原地将使你流于陈旧、缺乏效率。置身今日的环境,位居管理者地位的你必须不断改变、持续发展。你永远无法确定明天还能保有现在的职位。

为此,你心中须有这样一些问题:你正往何处去?抵达目的地需花费多少时间？谁能助你一路前进？要达成拟定的远景，你还得培养哪些技术与能力？

4. 盯住目标不放

如果你选对了方向，你所要做的就是一往无前。当然，即使是伟大的目标，如果没有清楚地规划出实现过程，亦无法使员工产生信心。因此，规划出目标的同时，还必须规划出达成目标的具体细节、过程。

很久以前，有一个小女孩儿住在树林环绕的村庄里，她喜欢在树林深处漫步。清晨，她跟树林中的小鸟、金花鼠、松鼠快乐地交谈；下午，她坐在苔藓覆盖的岩石上休息。

一天，小女孩儿在树林里比往常走得要远一些，不久就到傍晚了，她才知道自己迷路了。她能看到的只有巨大的松树和村庄里最高的教堂尖顶。

她吓坏了，环顾四周，哭了起来。巨大的松树摇摆着凑近安慰她。最后，一棵较高的树轻声对她说："朝着那个尖顶走，眼睛不要离开它，你马上就会到家。"

于是，女孩儿整理一下披肩，提起为做晚饭采摘的一篮蘑菇，开始往回走。她急切地盯着教堂的尖顶，知道如果一直朝着它走，马上就能安全到家。不久，她听见身后有脚步声，于是把眼睛从尖

顶移开，转过头来看究竟是谁在她身后。

嗨，是一只红色的狐狸紧挨着她的脚跟，她几乎能感到它温暖的呼吸。"小姑娘，"狐狸说，"在山岭那边，有一大片美丽的野紫罗兰。如果你跟着我，就能采一束回家给你的妈妈。"

小女孩儿知道妈妈非常喜欢野紫罗兰，她忘记了害怕，就跟在狐狸后面跑。狐狸的脑袋里却幻想着水灵灵的蘑菇。突然，太阳被云朵遮住了。森林里更暗了，女孩儿这时又记起了松树要她紧紧盯住教堂尖顶的话；然而，从她现在所在的位置往上看，已经看不到教堂尖顶了。

小女孩儿再一次害怕地撒腿跑起来，小女孩儿发现她又一次来到了那些巨大的松树中间。她往上看去，目光立刻抓住了那个教堂尖顶。她全神贯注地死死盯住它，再也不敢把眼睛移开，小女孩儿终于平安地回到家里。

有的目标看起来不可企及，但无论怎样，它都在道路的尽头等着你，唯一能使你到达那儿的方法就是盯住目标不放。规划是达成目标必经的过程，指的就是从现在到达成目标所采取的方法、手段及必经之路。

由于要达到最后的结果并不容易，所以要设定前置目标（以此为第一次要目标）。达成第二次要目标也不容易，所以要设定达成第二次要目标的前置目标（第三次要目标）。要达成第三次要目标也不容易……就这样一步一步地设定次要目标，连接到现在。

5. 细化目标

与人合作或分配工作时，设法让员工知道明确的目标，会激发员工的斗志，不至于让人在漫无目的的努力中失去动力。其实，人都一样，不了解具体该干些什么，不知道离目标的确切距离，很容易产生不良情绪，从而影响到工作态度和工作热情。

曾有人做过一个实验：组织三组人，让他们分别沿着十公里以外的三个村子步行。

第一组的人不知道村庄的名字，也不知道路程有多远，只告诉他们跟着向导走就是。刚走了两三公里就有人叫苦，走了一半时有人几乎愤怒了，他们抱怨为什么要走这么远，何时才能走到？有人甚至坐在路边不愿走了，越往后走他们的情绪越低。

第二组的人知道村庄的名字和路段，但路边没有里程碑，他们只能凭经验估计行程时间和距离。走到一半的时候，大多数人想知道他们已经走了多远，比较有经验的人说："大概走了一半的路程。"于是大家又簇拥着向前走，当走到全程的四分之三时，大家情绪低落，觉得疲惫不堪，而路程似乎还很长，当有人说"快到了"，大家又振作起来加快了步伐。

第三组的人不仅知道村子的名字、路程，而且公路上每一公里就有一块里程碑，人们边走边看里程碑，每缩短一公里大家便有一

小阵的快乐。行程中他们用歌声和笑声来消除疲劳,情绪一直很高涨,所以很快就到达了目的地。

把目标分成一个个里程碑,理想就会更容易实现。当定好了大计划之后,管理者需要不时检讨,因为大计划是宏观性的,是总体性的,因而是抽象模糊不清,涉及很多主观的构思,在开始时还没有得到证实是否可行或将遭遇到什么难题。在计划实践的过程中,管理者会发现不少问题,也会面对客观环境的限制。这时,计划就需要按时作检讨和修订,使之更加符合实际。

管理者可以和拍电影相比。管理者可以说是集监制、编剧、导演于一身。他是监制,因为他获得股东授权可以动用资源。他也是编剧,因为他订出了各场的行动方式。他也是导演,因为他监督各个参与演出的成员的行动,使这场戏演得精彩,拍摄出好的画面。这才是一个成功管理者的写照。

6. 选好"参照物"

选定什么样的目标,就会产生什么样的结果。没有目标或目标不断飘移亦或仅以赚钱为目标的企业,好比无舵之舟,无缰之马,在激烈的市场竞争中,漂荡奔波,随波逐流,终将一无所成。

有位哲学家有次漫步于田野中,发现水田当中新插的秧苗竟是排列得如此整齐,犹如用尺量过一般。

第三章
管理者的水平不容忽视——领导看多远团队就走多远

他不禁好奇地问田中工作的老农是如何办到的。

老农忙着插秧，头也不抬地回答，要他自己取一把秧苗插插看。

哲学家卷起裤管，兴冲冲地插完一排秧苗，结果竟是歪歪斜斜，杂乱无章。

他再次请教老农如何能插一排笔直的秧苗，老农告诉他，在弯腰插秧的同时，目光要盯住一样东西，并朝着那个目标前进，即能插出一列漂亮的秧苗。

哲学家依言而行。不料这次插好的秧苗，竟成了一道弯曲的弧形。

他又请教老农，农夫不耐烦地问他："你的眼光是否盯住一样东西？"

哲学家答道："有啊，我盯住那边吃草的水牛，那可是一个大目标！"

老农说："水牛边走边吃草，而你插的秧苗就跟着移动。你想，这道弧形是怎么来的？"

哲学家恍然大悟。这次，他选定远处的一棵大树。

哈佛大学有一个非常著名的关于目标对人生影响的跟踪调查。针对环境等条件都差不多的年轻人，调查结果发现：

27%的人，没有目标；

60%的人，目标模糊；

10%的人，有清晰但比较短期的目标；

3%的人，有清晰且长期的目标。

25年的跟踪研究结果显示，他们的生活状况及分布现象十分有

意思。

那些占3%者，25年来几乎都不曾更改过自己的人生目标。25年来他们都朝着同一个方向不懈地努力，25年后，他们几乎都成了社会各界的顶尖成功人士，他们中不乏白手创业者、行业领袖、社会精英。

那些占10%有清晰短期目标者，大都生活在社会的中上层。他们的共同特点是，那些短期目标不断被达成，生活状态稳步上升，成为各行各业的不可或缺的专业人士。如医生、律师、工程师、高级主管等。

其中占60%的模糊目标者，几乎都生活在社会的中下层面，他们能安稳地生活与工作，但都没有什么特别的成绩。

剩下27%的是那些25年来都没有目标的人群，他们几乎都生活在社会的最底层。他们的生活都过得很不如意，常常失业，靠社会救济，并且常常都在抱怨他人，抱怨社会，抱怨世界。

人生如是，对一个企业的领导又何尝不如是？

7. 把目标放在心里

目标只能在心里，而不能在手上。一个真正的目标必定充满挑战性，正因为它具有挑战性，又是由自己所选择的，所以你一定会积极地想完成它；换句话说，你的目标不仅是一种挑战，同时也是

第三章
管理者的水平不容忽视——领导看多远团队就走多远

激励你的原动力。

有位年轻人在岸边钓鱼,邻旁坐着一位老人,也在钓鱼,二人坐得很近。

奇怪的是,老人家那总有鱼上钩,而年轻人一整天都没有收获。他终于沉不住气,问老人:"我们两人的钓饵相同,地方一样,为何你轻易钓到鱼,我却一无所获。"

老人从容答道:"我钓鱼的时候,只知道有我,不知道有鱼;我不但手不动,眼不眨,连心也似乎静得没有跳动,令鱼也不知道我的存在,所以,它们咬我的鱼饵;而你心里只想着鱼吃你的饵没有,眼睛不停地盯着鱼,见有鱼上钩,心又急躁,情绪不断变化,心情烦乱不安,鱼不让你吓走才怪,又怎会钓到鱼呢?"

目标放在心里,它会成为动力;目标握在手上,它会成为累赘。为了目标而工作这没有错,但如果工作当中过多考虑达到目标或未能如愿的结果及其对自己的影响,那工作本身就会受到影响。就像一个乒乓球冠军的争夺者,如果决赛时总想着那个生辉的奖杯,冠军注定与他无缘。

管理者的目标中必须含有某种能激励员工自我拓展、自我要求的要素,而这些要素也会帮助你不断成长、改变、进步。

8. 适当放大工作的意义

适当放大工作的意义,再平凡的工作也会让你充满激情。高度的事业心、责任感是做好一切工作的前提,也是领导者核心的基本素质。只有放大工作的意义,尽心尽力、尽职尽责,才能让平凡的工作发出耀眼的火花。

有一个渔村住着甲乙两个船长。有人问甲船长为何要天天出海捕鱼?甲船长一脸无奈地答:"为了赚钱讨生活。"但乙船长的回答则不然,他精神抖擞神采奕奕地说道:"我喜欢海,喜欢他的澎湃汹涌,喜欢他的无边无际,出海是我每天最想做的事。"

那个人又问乙船长:"难道你不是为了养家糊口吗?""不,生活只是附带的,我天天都想捕条大鱼,那因付出而丰收的过程才是最大的成就感,我喜欢乘风破浪,热爱自我挑战,生活从来不成问题。"乙船长为了捕条大鱼,不仅勤修船、编大网,还时时研究水文,他和他的伙伴们,捕鱼的技术愈来愈好,渔获量愈来愈高,几乎都是满载而归,生活的确不成问题。

而那无精打采的甲船长,每日愁眉不展,水手们也是士气低落,生性慵懒,所以每日所捕的鱼也和他们的精神状态一样:令人遗憾,寥寥无几。

有一天甲、乙船长相约同时出海,而硕大无比的大鱼出现了。

甲船长先看见大鱼，却自知设备不足，怕鱼撞翻了船，只有眼睁睁地任大鱼游走。而乙船长准备多时，信心十足地率领士气高昂的水手与大鱼搏斗，经过一番英勇的拼斗，终于齐心协力将大鱼拖回渔村，接受村民英雄式的对待与热诚的欢呼。

事业心强的领导无不深刻认同自身工作的意义，为工作的进展做好充分的准备。这样的领导率领的工作团队才会更有战斗力。

虽然说仅有事业心并不能够保证一定可以取得事业的成功，但没有事业心的人则绝对不可能有什么大的成就。每一个成功人士都有一颗很强的事业心，都希望自己成为一个优秀的、出类拔萃的人。

9. 认清目标，认清自己

目标能把人引向辉煌的成功，也能把人引向万劫不复的深渊。你肯定见识过这样的管理者，大肆吹嘘自己的团队管理技巧；你也应碰见过这样的顾问，到处兜售打造团队的理论；还有那些研究组织动态学的教授们，拿着画满图表和箭头的长篇大作正等着你呢。但是，这些人好像都没有真正地在哪个团队干过，没有体味过团队奋斗时的感受，也不清楚怎样才能壮大一个团队。

小海马有一天做了一个梦，梦见自己拥有了七座金山。

从美梦中醒来，小海马觉得这个梦是一个神秘的启示：它现在全部的财富是七个金币，但总有一天，这七个金币会变成七座金山。

　　于是它毅然决然地离开了自己的家,带着仅有的七个金币,去寻找梦中的七座金山,虽然它并不知道七座金山到底在哪里。

　　海马是竖着身子游动的,游得很缓慢。它在大海里艰难地游动,心里一直在想:也许那七座金山会突然出现在眼前。

　　然而金山并没有出现,出现在眼前的是一条鳗鱼。鳗鱼问:"海马兄弟,看你匆匆忙忙的,你干什么去?"海马骄傲地说:"我去寻找属于我自己的七座金山。只是……我游得太慢了。""那你真是太幸运了。对于如何提高你的速度,我恰好有一个完整的解决方案。"鳗鱼说,"只要你给我四个金币,我就给你一个鳍,有了这个鳍,你游起来就会快得多。"海马戴上了用四个金币换来的鳍,发现自己游动的速度果然提高了一倍。海马欢快地游着,心里想,也许金山马上就出现在眼前了。

　　然而金山并没有出现,出现在海马眼前的是一只水母。水母问:"小海马,看你急匆匆的样子,想要到哪里去?"海马骄傲地说:"我去寻找属于我自己的七座金山。只是……我游得太慢了""那你真是太幸运了。对于如何提高你的速度,我有一个完善的解决方案。"水母说,"你看,这是一个喷汽式快速滑行艇,你只要给我三个金币,我就把它给你。它可以在大海上飞快地行驶,你想到哪里就能到哪里。"海马用剩下的三个金币买下这个小艇。它发现,这个神奇的小艇使它的速度一下子提高了五倍。它想,用不了多久,金山就会马上出现在眼前了。

　　然而金山还是没有出现,出现在海马眼前的,是一条大鲨鱼。大鲨鱼对它说:"你太幸运了。对于如何提高你的速度,我恰好有一套彻底的解决方案。我本身就是一条在大海里飞快行驶的大船,你要搭乘我这艘大船,你就会节省大量的时间。"大鲨鱼说完,就张开了大嘴。

"那太好了,谢谢你,鲨鱼先生!"小海马一边说一边钻进了鲨鱼的口里,向鲨鱼的肚子深处欢快地游去……

如果一个领导、一个企业的领航者像那只小海马一样,为了一个不切实际的梦想去寻求别人的帮助——甚至是对手的帮助,最后的结果只能是在寻求中灭亡。

一个团队要靠什么才能生存下来并取得成功?答案就是拥有团队智慧。

团队智慧是指有效共同工作的能力。一个有自知之明的团队应该同时明白自己的优势和弱势所在。而团队成员应该明了其他成员的特性,知道如何取长补短,还应该知道互相沟通。聪明的团队应该努力达到这层认识,并将其努力保持下去。

10. 透过态度看清人

正确的用人决策,会引导一个企业的员工朝一个正确的方向努力工作。主动、尽责,当一个领导以此标准作为手下员工晋升的条件时,他们便会以此来要求自己。一个人对工作所持的态度,和他的性情、才智有着密切的关系。

有两个要好的伙伴同时受雇于一家超级市场,开始时大家都一

样,从最底层干起。可不久其中的一个受到总经理的青睐,一再被提升,从领班一直到部门经理。而另外一个却像是被遗忘了一般,还在最底层混。终于有一天这个被遗忘的人忍无可忍,向总经理提出辞呈,并痛斥总经理狗眼看人,辛勤工作的人不提拔,倒提拔那些吹牛拍马的人。

总经理耐心地听着,他了解这个小伙子,工作肯吃苦,但似乎缺了点儿什么,究竟缺什么呢?三言两语还说不清楚,说清楚了他也不服,看来……他忽然有了个主意。

"小伙子,"总经理说,"你马上到集市上去,看看今天有什么卖的。"

这个人很快从集市上回来,说刚才集市上只有一个农民拉了车土豆在卖。

"一车大约有多少袋,多少斤?"总经理问。

他又跑去,回来后说有40袋。

"价格是多少?"他再次跑到集市上。

总经理望着跑得气喘吁吁的他说:"请休息一会儿吧,我们来看看你的朋友是怎么做的。"说完叫来他的朋友,并对他说:"你马上到集市上去,看看今天有什么卖的。"

他的朋友很快从集市上回来了,汇报说到现在为止只有一个农民在卖土豆,有40袋,价格适中,质量很好,他带回几个让总经理看。这个农民一会儿还将弄几箱西红柿上市,据他说价格还公道,可以进一些货。他想这种价格的西红柿总经理大约会要,所以他不仅带回来几个西红柿做样品,而且把那个农民也带来了,他现在正在外面等回话呢。

总经理看了一眼旁边红了脸的小伙子,说:"这就是你朋友得到晋升的原因。"

工作是人生的部分表现,职业则是他志向的表示、理想的体现,所以,了解一个人的工作,从某种程度上就是了解那个人。

自尊、自信是领导者考察下属的必备条件,那些在工作上不肯尽心尽力而只求敷衍塞责的人,是无法具备这种自尊、自信的心态的。如果一个人轻视自己的工作,那么他也绝不会尊敬自己。当今社会,许多人不尊重自己的工作,不将工作看成创造事业的基本要素和发展人格的工具,而视为衣食住行的供给者。如果一位领导者不幸拥有过多这样的下属,其工作成效就可想而知。

11. 冷静决策

冷静决策是最简单的领导智慧。任由头脑发热,怒火中燃,便会失去理智,意气用事,这是领导者做决策时的大忌。不妨做一下慢处理,比如先让自己从心里数到一百,再作决定,这样冷静决策,其结果可能截然不同。

从前有个又穷又愚的人,在一夕之间突然富了起来。但是有了钱,他却不知道如何来处理这些钱。

他向一位和尚诉苦,这位和尚便开导他说:"你一向贫穷,没有

智慧,现在有了钱,不贫穷了,可是依然没有智慧。劝你进城里去,那里有大智慧的人不少,你出百把两银子,别人就会教你智慧之法。"

那人去了城里,逢人就问哪里有智慧可买。

有位哲人告诉他:"你倘若遇到疑难的事,且不要急着处理,可先朝前走七步,然后再后退七步,这样进退三次,智慧便来了。"

"'智慧'就这么简单吗?"那人听了将信将疑。

他当天夜里回家,推门进屋,昏暗中发现妻子居然与人同眠,顿时怒起,拔出刀来便要砍下去。

这时,他忽然想起白天买来的智慧,心想:何不试试?

于是,他前进七步,后退七步,又前进七步……点亮了灯光再看时,竟然发现那与妻子同眠者原来是自己的母亲。

冷静的决策能力是可以后天塑造的。成功的管理者,大都是能够掌握自己心态并且善于退让的人。我们成长和成熟的过程,就是不断塑造自己的过程,选择冷静的还是冲动的态度,这一点非常重要。

12. 不要在意别人的议论

沉默法则要求:无论在困境之中还是即将成功之时都要闭紧嘴巴。在面对困境或是即将成功时,不要在意别人的议论,要意志坚强。

第三章
管理者的水平不容忽视——领导看多远团队就走多远

一群人到山上去打猎,其中一个猎人不小心掉进很深的坑洞里,他的右手和双脚都摔断了,只剩一只健全的左手。

坑洞非常深,又很陡峭,地面上的人束手无策,只能在地面喊叫。

幸好,坑洞的壁上长了一些草,那个猎人就用左手撑住洞壁,以嘴巴咬草,慢慢地往上攀爬。

地面上的人就着微光,看不清洞里,只能大声为他加油。

等到看清他身处险境,嘴巴咬着小草攀爬,众人忍不住议论起来!

"哎呀!像他这样一定爬不上来了!"

"情况真糟,他的手脚都断了呢!"

"对呀!那些小草根本不可能撑住他的身体。"

"真可惜!他如果摔下去死了,留下庞大的家产就无缘享用了。"

"他的老母亲和妻子可怎么办才好!"

落入坑洞的猎人实在忍无可忍了,他张开嘴大叫:

"你们都给我闭嘴!"

就在他张口的一刹那,他再度落入坑洞,当他摔到洞底即将死去之前,他听到洞口的人异口同声地说:

"我就说嘛!用嘴爬坑洞,是绝对不可能成功的!"

猎人摔下去了,他能怪谁?只能怪他自己。为脱离困境往上爬的是他自己,他不能堵住别人的嘴,但他可以决定对待别人的议论的态度。在一个团队之中,每当一个决策即将出台或者出台之后,总会有这样或那样的议论,作为领导者对这些议论当然要去听,并

从中获取真实的信息，了解、分析大家的意见；但决策本身必须坚决，而且一旦确定，别人的任何言论都可当做耳旁风，让事实说话就是了。

13. 决策前多思考，实施后勿"累脑"

决策前多思考，实施后勿"累脑"。作为一个领导者，当你想决策一个问题时，真正面临的常常是一堆问题。所以，作为决策者、领导者来说，决策绝不只是一句话、一个命令或一份文件。作决策需要多思考，多想几个"为什么"。

一位患得患失的企业家，向经营大师威廉·詹姆斯请教成功之道。大师并没有直接告诉他答案，只是叫他去拉斯维加斯的赌场看看轮盘赌博。

一星期后，他像小孩似的冲进大师房里，同时还兴奋地大叫："我想通了！在赌桌边，我豁然开朗啦……"

"你想通什么了？"大师望着眉飞色舞的企业家。

"我注意到那些十赌九输的人都有两个特点：下注前，他们毫不在意，可是当轮盘一开始转动，他们却都七上八下，个个都开始心跳气喘起来。"

企业家停了一下，又再说道：

"我突然觉得这些人好傻，因为他们如果要担心，也应该在下注之前，在那时候多动动脑筋还管用些。之后，赌注既然已经下了，而赌盘也已经旋转，就不妨以轻松的心情静待结果。假如此时再伤脑筋，也只有徒增惊怕的份，一点用处都没有！"

大师频频点头。那位企业家继续说道：

"经营事业又何尝不是如此！在策划方案时，就该多方思虑利弊得失；不过一旦下决心并付诸实行后，就毋需挂心，也不必患得患失。"

决策前摸清事实，多方求证，选择最佳方案；一旦付诸行动就要把精力放在决策的实施上。患得患失的话，再好的决策其结果也会大打折扣。

在工作的不同阶段，要对形势发展进行分析，确定下一步方案。将计划进程的详细步骤列出来，可帮助你有效地对付工作或环境等条件变化可能带来的不利影响。同你的同事共同探讨问题，努力争取实现每一阶段的目标，或者改进计划，使之更加切实可行。订立了目标之后，不管目标是什么，都必须有务必实现的决心，才能称之为"目标"。订立了明确的目标之后，就要尽快地实现，这是最重要的先决条件。

规划未来并不能保证将来摆在面前的一切困难和问题都会得到解决或变得容易，也没有可以套用的现成公式；但是它有利于你及早地发现和较好地解决新难题。

14. 领导者应侧重于未来

领导者既要有正确决策的智慧,又要具备勇于承担、一往无前的胸怀和风度。

领导者的管理工作——决策与实施的过程——就如同一次旅行,如果把每一个阶段的成败得失全都扛在肩上,那今后的路你就没办法去走了。所以,你必须丢弃过去的一些旧的东西,跟过去说再见,跟往事干杯!

一个老农夫肩上挑着一根扁担信步而走,扁担上悬挂着一个盛满绿豆汤的壶子。他不慎失足跌了一跤,罐子掉落地上摔得粉碎,这位老农夫仍若无其事地继续往前走。

这时,有一个人急忙跑过来激动地说:"你不知道罐子破了吗?"

"我知道,"老农夫不慌不忙地回答道,"我听到它掉落了。"

"那么你怎么不转身,看看该怎么办?"

"它已经破碎了,汤也流光了,你说我还能怎么办?"

忘记过去的事情是为了更好地做好其他的工作,为了真正地做好管理工作,你应该不再考虑什么是大事,什么是小事。难道打扫卫生或向一个员工问好就是小事?召开一次战略规划会议、销售介绍会或者财务分析会,就是大事?

从打扫卫生到财务分析会议,每一件事都可能成为重大的事件。

我们连最细小的行动,都无法预见其最终结果。因此,每一个行动都值得给予足够的关注,则其结果将会非常不同。

若你认为宏图大略才是当务之急,那么此想法将会诱使你相信所有的细节不值得关注。但与此同时,也将有一大堆"小事"带来一连串麻烦,导致你的重大机会被破坏,直至化成泡影。

重要的是,所有已发生的都是小事,领导者需要关注的是未来。

15. 工作就是不找任何借口地去执行

坐车的人比步行的人容易迟到。凡事依赖于某些不确定因素的领导者,势必处于被动的局面,只有掌握主动权才能立于不败之地。关键是脑子里要时刻绷紧"目标"这根弦,然后尽量选取一个最有效、可靠的方式。

这就涉及一个执行力的问题。领导者也需要学会主动,不断去改进自己的执行能力。拒绝借口是执行力的表现,无论做什么事情,都要记住自己的责任,无论在什么样的工作岗位,都要对自己的工作负责。

站牌下,小张和小李正在候车。

小李道:"其实只有两站路,何不安步当车?"

小张笑道:"你真是个原始人,为什么要舍弃现代化的交通工具呢?"

小李道:"可是我们却不知道这车何时会来。"

小张道:"反正时间还早,急什么?"

小李不再说什么了。

半晌,没有车来。

小张忍不住道:"这车怎么搞的?早知他不来,还不如我们走着去呢!"

小李道:"现在你也变成原始人了?"

小张道:"此一时,彼一时嘛。"

小李道:"那我们这就走吧,抓紧点应该还来得及。"

小张道:"慢,既然等了这么长的时间,不如再多等五分钟,说不定车就来了。"

小李默然。

车还是没来。

小张急着说:"怎么搞的,一定是出了什么事了,车竟然还没来。要是我们走着去,早就到了。"

小李道:"那我们还不走?"

小张道:"慢,现在才走,到了那边一定迟到了,不如再等等吧,坐车总比走着快!"

小李缄口。

这一次,他们迟到了。

工作就是不找任何借口地去执行——不管你是坐车还是步行。

一支部队、一个团队,或者是一名战士或员工,要完成上级交付的任务就必须具有强有力的执行力。接受了任务就意味着作出了承诺，而完成不了自己的承诺是不应该找任何借口的。这是一种很重要的思想，体现了一个人对自己的职责和使命的态度。思想影响态度，态度影响行动，一个不找借口的管理者，肯定是一个执行力很强的管理者。

16. 目标的高度决定努力的程度

目标的高度决定努力的程度。没有什么目标比生存更能激发人的活力。当一个企业面临困境时，如果领导人能够树立起绝不言败的信心，并给大家一个共同生存的目标，调动起各种积极因素，也肯定能像那只羚羊一样，跑得比猎狗快一步。

草原上，一只猎狗正在猎捕一只羚羊，经过漫长的奔跑，猎狗还是没有追上羚羊。最后，猎狗趴在地上喘着粗气问羚羊："老弟，凭实力，我跑得比你快，可为什么到关键一步时总是比你差一点？"

羚羊回答说："你是比我跑得快，但你总是抓不到我，也许是因为我们奔跑的目的不一样吧！"

"奔跑的目的？"猎狗很是不解地问道。

"是的，你奔跑的目的只是为了完成任务，讨好你的主人，而我奔跑的目的却是为了活命！"羚羊说。

今天的生活状态不由今天所决定，它是自己过去生活目标的结果；明天的生活状态不由未来决定，它将是我们今天生活目标的

结果。

目标的威力就是：①给人的行为设定明确的方向，使人充分了解自己每一个行为的目的。②使自己知道什么是最重要的事情，有助于合理安排时间。③迫使自己未雨绸缪，把握今天。④使人能清晰地评估每一个行为的进展，正面检讨每一个行为的效率。⑤使人能把重点从工作本身转移到工作成果上来。⑥使人在没有得到结果之前，就能"看"到结果，从而产生持续的信心、热情与动力。

17. 理性地制定目标

每个人都有自己的人生目标。可以说，这是一个人对自己人生的规划，这个规划在某种意义上是比较人文化、社会化的。只有制定正确的人生目标，我们才能向着这个目标而努力奋斗。如果把目标定在暗礁处，那么你所驾驶的大船也只能驶向暗礁。

一个牧羊人为了扩张自己的事业，决定培养一只狼做帮手。于是，他每天训练狼如何捕捉小羊。他希望通过狼把邻近羊群中的小羊据为己有。

这只狼是人工抚养大的，没有经过野生训练，所以胆子很小。为了鼓励它，牧羊人说："你是一只狼呀，既然如此，那么你要相信自己能够变成一只杰出的狼！"

这只狼果然变得很杰出，因为它把自己主人的羊也捕捉到了自己的肚子里。

一位猎人出于义愤击杀了这只狼,而牧羊人也从此沦为穷光蛋。

在这个故事中,从目标的角度讲,牧羊人以侵占别人的小羊为目标,是不仁的,这本身就是一个错误。错误的目标或许能得一时一事之利,但结果的惨败则是注定了的。从决策这一角度讲,以"驯狼"作为实现既定目标的手段实为不智,这是极其愚蠢的。狼性难改,你给了它一个捕捉小羊的技能,也就为自己的小羊们掘好了坟墓。

18. 不要抹杀下属的个性

领导者要有长远的眼光,知人善用,把合适的人放在适宜的位置;当双方有矛盾的时候,及时发现对方的需求,作好沟通,改掉不好的东西,这比随随便便处理来得更加智慧。

一只公鸡早晨起来报晓。天亮,被主人提出来杀了。

又一只公鸡早晨起来报晓。天亮,被主人提出来杀了。又一只公鸡早晨起来报晓,天亮,还是被主人提出来杀了。

邻居不解,问:"这些公鸡每天报晓都挺准时的,你杀它们干什么?"

那人说:"早晨我有晚起的习惯,它们却叫得很早。"

邻居说:"这不是它们的过错,报晓是公鸡的天职。"

那人说:"这个我不管,我需要的是和母鸡交配的公鸡,而不是

报晓的公鸡。"

邻居说:"可公鸡是不能不报晓的,你难道不能用另外一种方式来解决问题吗?"

"这个很难,"那人说,"我曾想割掉它们的喉咙,后来又想扎上它们的嘴,可这样太麻烦,而杀它们却很省事。"

"那你为什么不改变一下睡觉的习惯呢?"邻居疑惑地问。

"改变我的生活习惯,这怎么可能呢!"那人说,"我有这个习惯已几十年了,怎么会为几只公鸡而去改变呢?再说我是主人,它们应该符合我的需求,它们的行为与我发生矛盾时,受损失的只能是它们,怎么会是我呢?"

公鸡晨起报晓,本是自然现象,但因不合主人习惯而被杀掉,纯属不合逻辑。压抑下属的性格和情感,以满足自己,这是不可取的。这只会把人变成木偶,一切听命于自己,也就没什么本真的东西了,又何谈创新精神。

19. 管理者应未雨绸缪

管理者的决策在某种程度内有效,但当超过某种极限时,则将无计可施,所以这就需要决策层未雨绸缪,不能以救急眼光来作决策。

魏文王问名医扁鹊说:"你们家兄弟三人,都精于医术,到底哪一位最好呢？"

扁鹊答："长兄最好，中兄次之，我最差。"

文王再问："那么为什么你最出名呢？"

扁鹊答："长兄治病，是治病于病情发作之前。由于一般人不知道他事先能铲除病因，所以他的名气无法传出去；中兄治病，是治病于病情初起时。一般人以为他只能治轻微的小病，所以他的名气只及本乡里。而我是治病于病情严重之时。一般人都看到我在经脉上穿针管放血、在皮肤上敷药等大手术，所以以为我的医术高明，名气因此响遍全国。"

事后控制不如事中控制，事中控制不如事前控制，可惜大多数的事业经营者均未能体会到这一点，等到错误的决策造成了重大的损失才寻求弥补方法。而结果往往是即使请来了名气很大的"空降兵"，结果也于事无补。

20. 预防重于治疗

当我们的企业因管理不科学而致公司遭受一系列的损失时，我们就会清醒地认识到企业管理中的"预防重于治疗"这一道理尤为重要。

就现实中的管理者而言，那些因管理不善，而使服务质量滑坡的公司，总会在同行的竞争中被淘汰。试问究其何故？可以用这样

的话来概括,那就是"没能防患于未然"。

有位客人到某人家里做客,看见主人家的灶上烟囱是直的,旁边又有很多木材。客人告诉主人说,烟囱要改曲,木材须移去,否则将来可能会有火灾,主人听了没有作任何表示。

不久主人家里果然失火,四周的邻居赶紧跑来救火,最后火被扑灭了,于是主人烹羊宰牛,宴请四邻,以酬谢他们救火的功劳,但并没有请当初建议他将木材移走、烟囱改曲的人。

有人对主人说:"如果当初听了那位先生的话,今天也不用准备筵席,而且没有火灾的损失,现在论功行赏,原先给你建议的人没有被感恩,而救火的人却是座上客,真是很奇怪的事呢!"主人顿时省悟,赶紧去邀请当初给予建议的那个客人来吃酒。

一般人认为,足以摆平或解决企业经营过程中的各种棘手问题的人,就是优秀的管理者,其实这是有待商榷的,俗话说:"预防重于治疗",能防患于未然之前,更胜于治乱于已成之后,由此观之,企业问题的预防者,其实是优于企业问题的解决者。

21. 有些事并不像它看上去那样

有些时候事情的表面并不是它实际的样子。如果你有信念,你只需要坚信付出总会得到回报,劳动总会有收获。

第三章
管理者的水平不容忽视——领导看多远团队就走多远

两个旅行中的天使到一个富有的家庭借宿。这家人对他们并不友好,并且拒绝让他们在舒适的客人卧室过夜,而是在冰冷的地下室给他们找了一个角落。当他们铺床时,较老的天使发现墙上有一个洞,就顺手把它修补好了。年轻的天使问为什么,老天使答道:"有些事并不像它看上去那样。"

第二晚,两人又到了一个非常贫穷的农家借宿。主人夫妇俩对他们非常热情,把仅有的一点点食物拿出来款待客人,然后又让出自己的床铺给两个天使。第二天一早,两个天使发现农夫和他的妻子在哭泣,他们唯一的生活来源——一头奶牛死了。年轻的天使非常愤怒,他质问老天使为什么会这样,第一个家庭什么都有,老天使还帮助他们修补墙洞,第二个家庭尽管如此贫穷还是热情款待客人,而老天使却没有阻止奶牛的死亡。

"有些事并不像它看上去那样。"老天使答道,"当我们在地下室过夜时,我从墙洞看到墙里面堆满了金块。因为主人被贪欲所迷惑,不愿意分享他的财富,所以我把墙洞填上了。昨天晚上,死亡之神来召唤农夫的妻子,我让奶牛代替了她。所以有些事并不像它看上去的那样。"

有句广告语:每个人都是一座山,世上最难攀越的山,其实是自己,往上走,即便是一小步,也有新高度。人生就像登山,要领略到绝美的风景,我们必须比别人站得高。很多时候遥看目标,似乎高不可攀,其实每向前一步,我们也就距离目标更近一步。在攀登的过程中,困难肯定是有,但畏难惧险只会阻碍自己前进的步伐。"无限风光在险峰",它会引导我们走向成功。

22. 给予下属发展的空间

作为一个称职的领导,只有总揽全局,腾出精力作一些决策性、规划性的工作,才是一位合格的领导。而那些具体的工作应交由他的下属们去执行,给他们充分的空间和自由,实现充分授权。只有这样,才能确保企业用到符合岗位标准的员工,又能让员工感到有足够的发挥空间,在企业得到自身价值的认可。

一个人在高山之巅的鹰巢里,抓到了一只幼鹰,他把幼鹰带回家,养在鸡笼里。这只幼鹰和鸡一起啄食、嬉闹和休息。它以为自己是一只鸡。这只鹰渐渐长大,羽翼丰满了,主人想把它训练成猎鹰,可是由于终日和鸡混在一起,它已经变得和鸡完全一样,根本没有飞的愿望了。主人试了各种办法,都毫无效果,最后把它带到山顶上,一把将它扔了出去。这只鹰像块石头似的,直掉下去,慌乱之中它拼命地扑打翅膀,就这样,它终于飞了起来!

每个人都希望用自己的能力来证明自身价值,手下也不例外。给他们更大的空间去施展自己的才华,是对他们最大的尊重和支持。不要害怕他们失败,给予他们适当的扶持和指点,放开你手中的"雄鹰",让他们翱翔于更宽阔的天空。是个猴子就给他们座山折腾折腾,是条龙就给他们条大江大河扑腾扑腾。他们的成长,将为你的工作带来更大的贡献。他们的成长,将促使你的事业更大踏步地前进。

23. 实现"合作博弈"

任何一个大企业都不要轻视那些小企业,一旦他们通过战略联盟获得了大企业的支持,就具备和竞争对手竞争的资源和能力,这也是战略联盟思想成为现代热点的重要注脚。

在一个充满阳光的午后,一只兔子从她的洞里出来享受好天气。天气好得让她失去警觉,一只狐狸尾随其后,抓住了她。

"我要把她当午餐吃掉!"狐狸说。"慢着!"兔子答道,"你应该至少等几天。""喔?是吗?为什么我要等?""嗯,我正在完成我的博士论文。"

"哈,那是个很蠢的理由。你的论文题目是什么?"

"我正在写《兔子比狐狸与狼的优越性》。"

"你疯了吗?我应该现在就把你吃了!大家都知道狐狸总是比兔子强的。""根据我的研究,并不尽然。如果你想的话,你可以来我洞里,自己读它。如果你不能被说服,你可以把我当午餐吃了。"

"你真的疯了!"但狐狸很好奇,而且读读论文也不会损失什么,就跟兔子进去了。狐狸再也没有出来。

几天以后兔子又出来休息。一只狼从树丛中出来并准备吃她。

"慢着!"兔子叫道,"你现在不能吃我。""为什么呢?我毛绒绒的开胃菜。"

"我的论文《兔子比狐狸与狼的优越性》几乎要完成了。"

狼笑得太厉害,以至于松开了抓住兔子的手。

"也许我不应该吃你。你的脑子真的有病,你可能有某种传染病。"

"你可以自己来读它。如果你不同意我的结论,你可以把我吃掉。"

于是狼跟兔子进洞里去,再也没有出来。

兔子终于"完成"了她的论文,并出来在莴苣丛中庆祝。

另一只兔子过来问她,"什么事?你看起来很快乐。"

"是啊,我刚刚完成我的论文。""恭喜!主题是什么?""兔子比狐狸与狼的优越性。""你确定吗?听起来不太对。""喔!进来自己读。"所以他们一起进洞里去。

当他们进去时,朋友看到在一个角落里,右边有一堆狐狸骨头,左边有一堆狼的骨头,而在中间,有一只巨大的、正在舔嘴唇的狮子。

战略联盟是企业避免过度竞争、整合外部资源的重要选择。制定战略决策时,企业战略层需要充分考虑其他竞争者的战略,在与竞争者的竞争与合作中,避免零和博弈,实现合作博弈。

24. 认清事情的本末

新一代个人管理理论将耗费时间的事务依据急迫性与重要性分为四类:急迫又重要,不急迫但重要,急迫但不重要,不急迫又不重要。多数人都不了解"迫切性"对我们有多么大的主宰力量。电话铃响、截止日期，无不令人心神不宁。

一天动物园管理员发现袋鼠从笼子里跑出来了，于是开会讨论，一致认为是笼子的高度过低。所以他们决定将笼子的高度由原来的10米加高到20米。结果第二天他们发现袋鼠还是跑到外面来，所以他们又决定再将高度加高到30米。

没想到隔天居然又看到袋鼠全跑到外面，于是管理员们大为紧张，决定一不做二不休，将笼子的高度加高到100米。

一天长颈鹿和几只袋鼠们在闲聊，"你们看，这些人会不会再继续加高你们的笼子？"长颈鹿问。"很难说。"袋鼠说："如果他们再继续忘记关门的话！"

事有本末，关门是本，加高笼子是末，舍本而逐末，当然就不得要领了。管理是什么？管理就是先分析事情的主要矛盾和次要矛盾，认清事情的本末，然后从重要的方面下手。

25. 许多危险源于自身

托富勒说："眼睛能目睹一切，唯独看不见自己。"也有人说："人往往想尽了办法去改造世界，却从来没有想过改造自己。"

有个老太太坐在马路边望着不远处的一堵高墙，总觉得它马上就会倒塌，见有人向墙走过去，她就善意地提醒道："那堵墙要倒

了，远着点走吧。"被提醒的人不解地看着她，然后大模大样地顺着墙根走过去了——那堵墙没有倒。老太太很生气："怎么不听我的话呢?!"又有人走来，老太太又予以劝告。三天过去了，许多人在墙边走过去，并没有遇上危险。第四天，老太太感到有些奇怪，又有些失望，不由自主便走到墙根下仔细观看，然而就在此时，墙倒了，老太太被掩埋在灰尘砖石中，气绝身亡。

提醒别人时往往很容易，很清醒，但能做到时刻清醒地提醒自己却很难。所以说，许多危险来源于自身，老太太的悲哀便因此而生。

26. 习惯是一把双刃剑

习惯可以成就一个人，也可以毁掉一个人！原因是好习惯让人终生受益，坏习惯让人终生受害。受益与受害，权衡的尺度在自己心里。

一根小小的柱子，一截细细的链子，拴得住一头千斤重的大象，这不荒谬吗？可这荒谬的场景在印度和泰国随处可见。那些驯象人，在大象还是小象的时候，就用一条铁链将它绑在水泥柱或钢柱上，无论小象怎么挣扎都无法挣脱。小象渐渐地习惯了不挣扎，直到长成了大象，可以轻而易举地挣脱链子时，也不挣扎。

驯虎人本来也像驯象人一样成功，他让小虎从小吃素，直到小虎长大。老虎不知肉味，自然不会伤人。驯虎人的致命错误在于他摔了跤之后让老虎舔净他流在地上的血，老虎一舔不可收，终于将驯虎人吃了。

小象是被链子绑住，而大象则是被习惯绑住。虎曾经被习惯绑住，而驯虎人则死于习惯——他已经习惯于他的老虎不吃人。

习惯几乎可以绑住一切，只是不能绑住偶然。比如那只偶然尝了鲜血的老虎。

27. 培养忧患意识

大凡企业的发展都有一个成长成熟的过程，但如何把握好这一过程？注重每一个环节，控制好风险，增强企业免疫力，构建危机文化，培养员工的赶超意识和忧患意识是至关重要的。

两只兔子在森林里遇到了一只大老虎。灰兔赶紧从背后取下找到的胡萝卜。白兔急死了，骂道："你干吗呢？再扔也跑不过老虎啊！"

灰兔说："我只要跑得比你快就好了。"

21世纪，没有危机感是最大的危机。特别是入世以后，电信、银行、保险，甚至是机关这些我们以为非常稳定和有保障的行业，也会面临许多的变数。当更多的"老虎"来临时，我们有没有准备好想办法超越别人？

28. 什么样的选择决定什么样的生活

在这个世界上,通向成功的路何止千万条,但是所有的道路,不是别人给的,而是自己选择的结果。有什么样的选择,就有什么样的人生。在管理的过程中,选择是一个连续的过程,你很难一下子就作出完全正确的选择,但要学会选择正确的方向。

有三个人要被关进监狱三年,监狱长说可以满足他们三个一人一个要求。甲爱抽雪茄,要了三箱雪茄。乙最浪漫,要一个美丽的女子相伴。而丙说,他要一部与外界沟通的电话。

三年过后,第一个冲出来的是甲,嘴里鼻孔里塞满了雪茄,大喊道:"给我火,给我火!"原来他忘了要火了。

接着出来的是乙。只见他手里抱着一个小孩子,美丽女子手里牵着一个小孩子,肚子里还怀着第三个。

最后出来的是丙,他紧紧握住监狱长的手说:"这三年来我每天与外界联系,我的生意不但没有停顿,反而增长了200%,为了表示感谢,我送你一辆劳斯莱斯!"

什么样的选择决定什么样的生活。今天的生活是由三年前我们的选择决定的,而今天我们的抉择将决定我们三年后的生活。我们要选择接触最新的信息,了解最新的趋势,从而更好地创造自己的将来。

第四章

管理并不只是"指点江山"
——行动与落实决定领导成败

有了适当的目标和正确的决策,有的领导自认为只需要"指点江山"就可以高枕无忧了。实际上,要达到自己想要的效果,还有很长的一段路要走,这一段路就是行动与落实。每一位领导都会有这样的感叹:一个多么好的机会,一个多么出色的主意,因为行动的迟缓错失、落空了;一个多么好的方案,因为落实不力而完全改变了初衷;一个多么宏伟而切实的目标,因为执行的偏差变得黯淡无光。是的,行动、落实一样决定事情的成败。

1. 实践是理论的基础

实践是理论的基础，重视实践吧，因为理论的作用只是相对的。一位名人指出："一切蠢行就在于唯恐虚掷了眼前的光阴，而无视时间在整体上及渐进式的浪费。"

一位哲学家坐在船上对船夫侃侃而谈：

"你懂哲学吗？"

"不懂。"

"那你至少失去了一半的生命。"

"你懂数学吗？"

"不懂。"

"那你失去了80%的生命。"

突然，一个巨浪把船打翻了，哲学家和船夫都掉到了水里。看着哲学家在水中胡乱挣扎，船夫问哲学家："你会游泳吗？"

"不……会……"

"那你就失去了百分之百的生命。"

当你行动时，就要把所有的既定理论抛到一边。

唯有行动能给企业注入活力。就领导者个人而言，世界总是以人的行动确定人的价值。谁能用思想感情测试一个人的才能？如果总是观望不动，你又怎样显示你的能力？

第四章
管理并不只是"指点江山"——行动与落实决定领导成败

在你行动起来为实现理想而奋斗之前,你的计划跟懒汉的梦想没什么两样。行动是一种力量,有了它,才会有出色的工作,没了它,无论你等待多长时间也无济于事。

2. 说一尺不如行一寸

常言道:"只说不练假把式,只练不说傻把式,能说会练才是好把式。"莫做语言的巨人、行动的矮子。说一尺不如行一寸。说出来的是"泡沫",转瞬间烟消云散,做出来的才是"真金白银"。

在四川的偏远地区有两个和尚,其中一个贫穷,一个富裕。

有一天,穷和尚对富和尚说:

"我想到南海去,您看怎么样?"

富和尚说:

"你凭借什么去呢?"

穷和尚说:

"一个水瓶、一个饭钵就足够了。"

富和尚说:

"我多年来就想租条船沿着长江而下,现在还没做到呢,你凭什么去?!"

第二年,穷和尚从南海归来,把去过南海的事告诉富和尚,富和尚深感惭愧。

现实是此岸,理想是彼岸,中间隔着湍急的河流,行动则是架在河上的桥梁。

制订目标是为了达到目标,目标制订好之后,就要付诸行动去实现它。如果不化目标为行动,那么所制订的目标就成了毫无意义的东西。

实际上,相对来说制订目标倒是很容易的,难的是付诸行动。制订目标可以坐下来用脑子去想,实现目标却需要扎扎实实的行动,只有行动才能化目标为现实。

但是,相当多的管理者制订了目标之后,便把目标束之高阁,没有投入到实际的管理活动中去,结果到头来仍然是一事无成。

如同不穿过黑夜不能到达早晨一样,只有行动才是达到目标的唯一途径。

3. 只有不断向前,才能不被超越

对待时间,你永远都不能轻视。只有不断向前奔跑,才不会被别人超越,才不会被激烈的竞争所淘汰。有效的管理者不是从他们的任务开始,而是从掌握时间开始。他们并不以计划为起点,认清他们的时间用在什么地方才是起点……

谁奔跑得快,谁就能赢得机会。

在广袤的非洲大草原上,一天早晨,曙光刚刚划破夜空,一只

第四章
管理并不只是"指点江山"——行动与落实决定领导成败

羚羊从睡梦中猛然惊醒。

"赶快跑。"它想到,"如果慢了,就可能被狮子吃掉!"

于是,狮子起身就跑,向着太阳飞奔而去。

就在羚羊醒来的同时,一只狮子也惊醒了。

"赶快跑。"狮子想到,"如果慢了,就肯定抓不住食物,那岂不是要饿死!"

于是,起身就跑,也向着太阳奔去。

谁快谁就赢,谁快谁生存。一个是自然界兽中之王,一个是食草的羚羊,属性各异,但都面临同一个生存问题——如果羚羊快,狮子就饿死;如果狮子快,羚羊被吃掉。

人才在时间中成长,在时间中前进,在时间中改造客观世界,在时间中谱写自己的历史。人才对各门科学的学习和研究,必须在一定的时间内进行。人才创造的各种成果,必须经过时间来鉴定。时间,唯有时间,才能使智力、想象力及知识转化为成果。想要才能得到充分的发挥,尽快踏上成功之路,若我们没有充分利用时间的能力,不能认识自己的时间,不能计划、管理自己的时间,那只会失败。

4. 让员工按自己的想法去做

如果给猩猩圆规和尺,说不定它们反而会迷路,人也是这样。在管理实践中,应该给员工具体行动的自由,让他根据自己的行为

方式和风格习惯去行事，这个时候，理由并不重要。行动有时并不需要理由。

有一个青蛙哲学家看到一只蜈蚣在走路。

他心想着，用四只脚走路已经够麻烦的了，蜈蚣是如何用几十只脚走路的呢？

它怎知哪只脚该先走，哪只脚该后走？

于是它叫住了蜈蚣，并把自己的疑问告诉它。

蜈蚣说："我一生都是这样走路的，但从未想过这个问题。现在我必须好好思考一下才能回答你。"蜈蚣站在那儿好几分钟，结果它发现自己动不了了。

摇晃了好一会儿，最后它终于动了。

它告诉青蛙：

"请你不要再去问其他蜈蚣同样的问题。我已经无法控制自己的脚了！"

人们在强调管理的时候常常喜欢引用一句话：没有规矩不成方圆。但是人们却忽视了这样一个事实：如果人的积极性未能充分调动起来，规矩越多，管理成本越高。所以有人认为，企业管理最起码的一条规矩就是对人的尊重。

人们谈管理，尤其是对人的管理，过多地强调了"约束"和"压制"，事实上这样的管理往往适得其反。聪明的企业和企业家已经开始意识到这一点，开始在"尊重"和"激励"上下功夫：了解员工的需要，然后满足他；而不是先聘用他，然后榨干他。

5. 保持积极的工作态度

无论是对待生活还是工作，必须建立一种积极的心态。无论从事什么工作，保证每天给自己一个希望，每天拥有好的心情。你的心态就是你真正的主人。去做，抱着积极的心态去做，就能把信送给"加西亚"。

在美西战争期间，美国必须立即跟西班牙的反抗军首领加西亚将军取得联系，而加西亚正在古巴丛林的山里，没有人知道确切的地点，所以无法写信或打电话给他。美国总统必须尽快地获得他的合作。这时，有人说："有一个叫罗文的人，他有办法找到加西亚。"

当罗文从总统手中接过写给加西亚的信之后，并没有问："他在什么地方？怎么去找？"他经过千辛万苦，在几个星期后，把信交给了加西亚。

就是这么简单的一个故事，但是，它却流传到世界各地。《把信带给加西亚》的作者这样写道：

"像他这种人，我们应该为他塑造不朽的雕像，放在每一所大学里。年轻人所需要的不是学习书本上的知识，也不是聆听他人种种的指导，而是要加强一种敬业精神，对于上级的托付，立即采取行动，全心全意去完成任务——'把信带给加西亚'。

"凡是需要众多人手的企业经营者，有时候都会因为一般人的被

动、无法或不愿专心去做一件事而大吃一惊,懒懒散散、漠不关心、马马虎虎的做事态度,似乎已经变成常态;除非苦口婆心、威逼利诱地叫属下帮忙,或者除非奇迹出现,上帝派一名助手给他,没有人能把事情办成。

"我钦佩的是那些不论老板是否在办公室都努力工作的人;我也敬佩那些能够把信交给加西亚的人——静静地把信拿去,不会提出任何愚笨问题,也不会存心随手把信丢进水沟里,而是不顾一切地把信送到;这种人永远不会被'解雇',也永远不必为了要求加薪而罢工。这种人不论要求任何事物都会获得。他在每个城市、乡镇、村庄,每个办公室、公司、商店、工厂,都会受到欢迎。世界上急需这种人才,这种能够'把信带给加西亚'的人。"

工作态度就像个人形象一样,能反映出一个人的思想,也可以改变他人对你的看法,决定着一个人的成与败。对待工作中的任务,怕承担责任的推拖,惧怕困难的退缩,患得患失的观望,谨小慎微的准备,而主动负责的人则只有——行动,想尽一切办法完成任务。

6. 经验有时不可靠

主动是行动的原动力,虽说实践是检验真理的唯一标准,但亲身体验的如果是片面的经验,也有可能发现虚假的真理。

有一天,狐狸来到一片枣园,见树上的枣子又大又红,馋得直

第四章
管理并不只是"指点江山"——行动与落实决定领导成败

流口水。它想：我的老祖宗曾经钻进葡萄园想偷吃葡萄，没吃上葡萄就说葡萄是酸的。有一位寓言大师根据这事写成了一篇《狐狸与葡萄》的寓言，千百年来可让狐狸家族丢尽了脸。今天我一定要亲自品尝一下，知道枣是什么味道再发表意见，看谁还敢把我写进寓言里去！

狐狸踮起脚来摘枣，可恨的是枣树比葡萄树更高，狐狸不会上树，只能在树下往上跳啊蹦啊，老半天也没有摘到一颗枣，这怎么办呢？

正当狐狸仰着头瞅着满树的红枣发愁时，"啪"，一颗红枣被风吹落下来。这是颗被虫子咬空的枣，看外表，红红的，挺好看。狐狸捡起来咬了一口，哇，苦得要命！并且发现一条虫子正在枣里蠕动。狐狸气得连忙把嘴里的半个枣吐了个干净，把手里的枣扔得远远的。

狐狸离开了枣园，边走边理直气壮地说："这次我说红枣是苦的，是经过我亲自品尝过的，有根有据，千真万确。"

想体验一下实践的可行性，不妨试一试由清晨掀开被子起床时做起。早上醒来，告诉自己今天要好好干，迅速地掀开被子跳下床来，也许这是一件小事，但对你一天的工作却有莫大的益处。想好好用功了，毫不犹豫地说出来，告诉别人也告诉自己。快要考试了，不妨在书桌前或目光可及的墙壁上贴"必胜"两个字。许多公司、企业，非常重视员工早上的精神，往往要求员工一到公司便大声地念工作宗旨。以上皆为提高主动性的象征性行为。

掀开被子轻捷地起床，持之以恒，就会成为一个主动的人。相反，如果一早便赖床，想多睡五分钟，永远也无法产生积极性。

7. 工作态度体现人的素质

工作本身没有贵贱之分，但是对于工作的态度却有高低之别。看一个人是否能做好事情，只要看他对待工作的态度就可以了。而一个人的工作态度，又与他本人的性情、才能和素质有着密切的关系。

在某纺织工厂的入口处，有一根生了锈的大铁钉子被丢弃在那里已经数不清多少日子了。

每天，纺织厂的员工进进出出，于是乎不外发生下列情形：第一种员工是根本没看见，便抬脚横跨而过。第二种员工看到了铁钉，也警觉到它可能产生的危险，不过这种员工所持的态度又可能出现三种不同的类型：第一类心想别人会捡起来，不用自己瞎操心，只要自己小心，实在不必庸人自扰，于是视若无睹，改道而行；第二类会认为自己现在太忙，还有很多要事待解决，等办完事后再来处理那根铁钉；第三类则抱着勤慎敬谨、事不宜迟的态度，马上弯腰捡起并妥善处置。

人的长处是能够思想，人的短处是想得太多。实际上判断一个企业、一个团队的综合竞争能力，只须像这个故事中那样放一根大铁钉在门口就行了：面对可能对企业或他人造成危害的哪怕微不足道的状况，毫不犹豫采取行动的人越多，这个企业、团队的未来越

第四章
管理并不只是"指点江山"——行动与落实决定领导成败

有希望。某些工作也许看起来并不高雅，工作环境也很差，但是，请不要无视这样一个事实：有用才是伟大的真正尺度。在许多年轻人看来，公务员、银行职员或者大公司管理人员才称得上是绅士，他们甚至愿意等待漫长的时间去谋求一个公务员的职位。但是，花同样的时间他完全可以通过自身的努力，在现实的工作中找到自己的位置，发现自己的价值，然而，他们却白白地……

如果一个人轻视自己的工作，将它当成低贱的事情，那么他决不会尊敬自己。因为看不起自己的工作，所以备感工作艰辛、烦闷，工作自然也不会做好。

8. 随着环境的变化而变化

作为个人或者一个团体，周围的环境始终是在变化的。而作为一个管理者，不仅要有感知种种变化的能力，还要有迅速应变的行动。但是我们在现实生活中最常见到的却是默守陈规，对规律性的变化麻木不仁，对突如其来的变化茫然失措。尤其是在一定时期内已形成一套成功模式的领导，面对变化往往本能地采取排斥的态度，这只能让自己与变化着的时代越离越远，最终从优秀慢慢地被僵化和落后所替代，最后被淘汰。变化来了，只有以更迅速的变化来应对。

迷宫里住着两只小老鼠和两个小矮人，他们在迷宫里历经风险

寻找到奶酪C站,并就在附近安居,建立起他们的生活模式。一天,两只小老鼠突然发现原来他们赖以生存的奶酪不见了,他们立刻想也没有想就穿起它们的跑鞋去迷宫深处寻找新的奶酪,并找到了一些奶酪。两个小矮人却没有这样做,起先,他们以为是谁和他们开玩笑,就在奶酪C站周围四处寻找,但是没有找到,他们陷入了迷茫,"是谁动了我的奶酪?"其中一个小矮人说,"我们失去的一定会有人给我们补偿的。"但是很多天过去了,他们依然一无所获。另一个小矮人认为,与其这样盲目地找下去还不如到迷宫深处寻找新的奶酪,他克服了自己心理的压力和同伴的劝阻,终于找到了新鲜的奶酪,由此,他悟出一个道理:"生存环境会随着奶酪的变化而变化。"

领导变革的人是真正关心企业中的伙伴和企业未来的人。他们通常并没有"以邻为壑"的想法。他们并不是天生的改革家,而往往是受环境所迫。出现变革的外在原因主要有:同行业企业的发展战略趋同,越来越难获得高于平均水平的收益;企业在市场上不占垄断地位,竞争对手实力强大,只能依靠出奇制胜;环境变化太快,不变革就会被淘汰出局。世界变化得越来越快,企业如果不能跟上变革时代的步伐,很快就会落伍,即便是微软这样强大的企业也不能幸免。

9. 工作要脚踏实地

眼高手低是时下年轻人的通病,认识到这一点,才能有的放矢。一个有理想的员工,只要不辞辛苦,默默地在自己脚下多垫些"砖头"——踏踏实实地工作,就一定能够使自己站得高些,看到自己渴望看到的风景,摘到挂在高处的那些诱人的果实。

有一个年轻人经过千山万水来到森林中的寺院,请求寺院里德高望重的住持收他为徒。住持郑重地告诉他:"如果你真要拜我为师追求真道,你必须履行一些义务和责任。""我必须履行哪些义务和责任呢?"年轻人急切地问。"你每天必须从事扫地、煮饭、劈柴、打水、扛东西、洗菜……""我拜你为师是为了习艺正道,而不是来做琐碎的杂工、无聊的粗活的。"年轻人一脸不悦地丢下这句话,就悻悻然离开了寺院。

在这个故事里我们首先注意到的是这个年轻人只知追求虚无的所谓道,而对得道的具体、琐碎的行动却不屑一顾。联系现实,我们也不难得出年轻人眼高手低,不堪磨炼的结论。

实际上,正如古人所言:"一屋不扫,何以扫天下。"不切实际地想,不如切切实实地做。把这一思想贯彻于你的领导实践中,你定会获益匪浅。

世界上有许多这样的人,他们虽然怀有"干一番事业"的愿望,

但不见行动,总是踏步不前。为了实现自己的愿望,首先必须将强烈的愿望化为明确的具体目标,并且立即朝此目标彻底行动起来。

10. 适应是智者生存之道

适应,是智者的生存之道。面对自己与环境的错位,是改变环境还是改变自己?有的企业领导者固执地认为只有改变他人才是智慧,坚持自我才是勇气,但我们说善于放弃也是勇气,适应环境、改造自我更是智慧。

森林里,住着三只蜥蜴。其中一只看一看自己的身体和周围的环境大不相同,便对另外两只蜥蜴说:"我们住在这里实在太不安全了,要想办法改变环境才可以。"说完,这只蜥蜴便开始大兴土木。另一只蜥蜴看了说:"这样太麻烦了,环境有时不是我们能改变的,不如我们另外找一个地方生活。"说完,它便拎起包袱走了。第三只蜥蜴,也看了看四周,问道:"为什么一定要改变环境来适应我们,为什么不改变自己来适应环境呢?"说完,它便借着阳光和阴影,慢慢改变自己的肤色。不一会儿,它就渐渐在树干上隐没了。

适应本来就是一种选择,是一个决定。你决定选择适应你就可以找到成功的路径。放弃同样也是一种选择,如果你想选择放弃,你一定可以找到让你快乐的地方。因为即使事情再糟糕,你也可以

第四章
管理并不只是"指点江山"——行动与落实决定领导成败

从中找到值得庆幸的理由,然后去享受它。对一个消极的人来说,即使事情再好,他也会瞄准事情不好的一面,最后依然是得不到快乐。

11. 重视实践,不为理论所困囿

管理是一个实践性非常强的工作,只学习一点理论就好为人师是许多领导者的毛病,只有亲身实践才能提升自己的管理水平。只知坐而论道者必然是行动的矮子。

从前有个盲人,他的邻居是一位猎人,打了飞禽走兽后,常请他去吃酒。席间,盲人常向猎人请教打猎的秘诀,盲人把这些秘诀牢牢记在心里。后来,猎人去世了。盲人觉得现在世界上只有他一个人懂得打猎的秘诀了。于是,他专门对学习打猎的人传授经验。一位年轻的猎人把他带上山,请他现场指导。

树林里跑出一头野猪,盲人以为是一只狼。盲人说:"你知道打狼要打哪里吗?狼是铜头铁腰麻杆腿。所以,棒打狼腿,猎物可得。"

年轻的猎人告诉他:"刚才是一头野猪,听见人说话,早吓跑了。"盲人赶紧说:"野猪吗?你只能往它的嘴里打,因为它的皮肤像铠甲一样,子弹打不透。"

年轻的猎人有些不耐烦了。当前面又出现一个猎物时,他轻轻喊了声"兔",就悄悄摸了过去。盲人把"兔"听成了"鹿",高声

喊道:"要打卧鹿!不要打跑鹿!因为它在树林里乱跑乱跳,会把鹿茸撞坏。"盲人的喊声把兔子吓跑了。

年轻的猎人再也不听盲人胡说了,一个人到山上寻找猎物。盲人还在那里滔滔不绝地讲述打狐狸、打獐子的要领。后来,他凭声音断定猎人确实走远了,就有些害怕起来。

山的那边突然传来一声虎啸,盲人早把打虎的经验忘记了,掉头就跑。他一下子掉进年轻猎人在他的指导下设置的陷阱,只好在阱底大喊:"救命啊!"

实践与理论是两码事,对于管理者而言更是如此。因为实践要面对更加复杂的环境,应对更加突兀的变化。作为主管,切忌像那位盲人一样,以半生不熟的理论去指导丰富多彩的管理实践。

20世纪60年代,索尼公司创始人盛田昭夫曾写过一部书,书名就叫做《让学历见鬼去吧》。这本书第一版就畅销40万册,而在书中,盛田提出了三个无情斥责日本当时流行的"名牌显能力,文凭是人才"之说法的观点:

①人才不等于职位。

②人才不是辉煌的过去,而是可预期的未来。

③人才是最适合其岗位的人。

盛田昭夫在书中说,他宁愿将索尼公司的所有人事档案统统烧毁,以杜绝公司因学历问题而产生的任何歧视。盛田昭夫是这样说的,也真的这样做了,他的魄力和独到的见解在日本引起了极大的轰动,他也因而博得了勇于打破传统框框的赞誉。作为一个管理者,应该像盛田昭夫那样:重视实践,不为理论所困囿。

第四章
管理并不只是"指点江山"——行动与落实决定领导成败

12. 细节决定成败

一个人自己的行为举止与别人对他的态度息息相关，在管理支配他人时，热情友好、彬彬有礼的言谈举止会使人通身舒畅。在这种友好的交往中，成功往往就会到来。也就是说，亲切友好的行为举止会有助于事业成功。与此相反，不良的行为举止、粗鲁庸俗的言语只会使人顿生厌恶之感，这样一来，什么生意、交易都做不成。第一印象特别重要，而一个管理者是否有礼貌、讲文明，是否谦恭有礼往往对管理工作有十分重要的影响。

一个英俊潇洒的青年，经人介绍认识了一位相貌平平的姑娘，朋友们都认为他们不般配。

但第一次见面后他却决定继续与姑娘保持联系。理由是：当他们看电影的时候，那个女孩吃完了手中的冰棍，把包装纸缠在木棒上始终拿在手里，直到走出影院才投进垃圾箱。她做得非常自然，不像是故意做出来的。仅此一个细节，便俘获了青年的心。

半年后，他们喜结连理。

行动，哪怕一个小的举动，都能从一个侧面反映出一个人的本质。那些把细微的小事都能处理得很好的人，一定是个品德高尚的人，也很容易获得别人的好感。在管理实践中，通过小的举动判断

下属的优劣虚实是一个领导者不能不具备的素质。

对于领导者而言,需要关注的细节又何止限于片言只语或一言一行?

13. 在平凡的岗位上做出不平凡的业绩

没有伟大的事情,只有需要满怀信心去做的细微事情。没有什么伟大的人,只有伟大的挑战。如果你在洗盘子,就好好洗。如果你在扫马路,你就认真地扫。如果你作画写诗,你就认真地做,你没准儿就会成为齐白石、莎士比亚。

有一个小和尚在一座名刹担任撞钟之职。他自认为早晚各撞一次钟,简单重复,谁都能做,并且钟声只是寺院的作息时间,没什么大的意义。就这样,敲了半年钟他觉得无聊至极,唉,"做一天和尚,撞一天钟"吧。

有一天,方丈宣布调他到后院劈柴挑水,原因是他不能胜任撞钟之职。

小和尚听了很不服气,心想我撞的钟难道不准时、不响亮?!

方丈告诉他说:

"你的钟撞得很响,但是钟声空泛、疲软,没什么力量。因为你心中没有'撞钟',未明白这项看似简单的工作所代表的深刻意义。钟声不仅仅是寺里作息的准绳,更为重要的是要唤醒沉迷的众生。

为此，钟声不仅要洪亮，还要圆润、浑厚、深沉、悠远。心中无钟，即是无佛；不虔诚，不敬业，怎能担当神圣的撞钟工作呢？"

对于"撞钟"这一看似简单的任务。如果心中无钟，落实在行动上就是"钟声里无佛"。其实我们平常的工作大都似撞钟，如果像那个小和尚一样"做一天和尚撞一天钟"，再简单的工作也做不出成绩，因为他心根本就没在工作上。

伟大的事并不是伟人把它做伟大的，而是平凡的人把它努力做到最好，让它成就了那份伟大。

14. 忽视细节，让人失去大机会

任何工作都是由一个个细节组成的，许多看起来不重要的细节最终却破坏了大局。有道是："千里之堤毁于蚁穴，万事之始事无巨细"，细节决定智慧，的确如此。

一位国王带领自己的军队向敌人扑去，他很在乎这场战争，因为这场战斗将决定谁统治国家。

战斗进行的第二天早上，他派了一个马夫去备好自己最喜欢的战马。

"快点给它钉掌，"马夫对铁匠说，"国王希望骑着它打头阵。"

"你得等等，"铁匠回答，"我前几天给国王全军的马都钉了掌，现在我得找点儿铁片来。"

"我等不及了。"马夫不耐烦地叫道,"国王的敌人正在推进,我们必须在战场上迎击敌兵,有什么你就用什么吧。"

铁匠埋头干活,从一根铁条上摘下四个马掌,把它们砸平、整形,固定在马蹄上,然后开始钉钉子。钉了三个掌后,他发现没有钉子来钉第四个马掌了。

"我需要一两个钉子,"他说,"得需要点儿时间砸出两个。"

"我告诉过你我等不及了,"马夫急切地说,"我听见军号了,你能不能凑合?"

"我能把马掌钉上,但是不能像其他几个那么结实。"

"能不能挂住?"马夫问。

"应该能,"铁匠回答,"但我没把握。"

"好吧,就这样,"马夫叫道,"快点,要不然国王会怪罪到咱们俩头上的。"

两军交上了锋,国王冲锋陷阵,鞭策士兵迎战敌人。"冲啊,冲啊!"他喊着,率领部队冲向敌阵。

远远地,他看见战场另一头几个自己的士兵退却了。如果别人看见他们这样,也会后退的,所以国王策马扬鞭冲向那个缺口,召唤士兵调头战斗。

他还没走到一半,一只马掌掉了,战马跌翻在地,国王也被掀在地上,跌出老远。

国王还没有抓住缰绳,惊恐的畜牲就跳起来逃走了。国王环顾四周,他的士兵们纷纷转身撤退,敌人的军队包围了上来。

他在空中挥舞宝剑,"马!"他喊道,"一匹马,我的国家倾覆就因为这一匹马。"

他没有马骑了,他的军队已经分崩离析,士兵们自顾不暇。不一会儿,敌军俘获了国王,战斗结束了。

从那时起,人们就说:

少了一个铁钉,丢了一只马掌,

少了一只马掌,丢了一匹战马。

少了一匹战马,败了一场战役,

败了一场战役,失了一个国家,

所有的损失都是因为少了一个马掌钉。

细节就像人体的细胞一样举足轻重,谁能把握住细节,谁就能悄悄成功,于无声处听惊雷,在细节中见真知。从细节中往往可以找到管理的突破口!

无视细节,让人误大事;留意细节,让人成大事。抓住瞬间即逝的机会是你区别于他人的唯一可能。冷静留意和分析你身边的小事情,或许,大道理、大智慧就藏于此。我们要牢记"忽视小节,让人失去大机会"、"太多的小毛病往往会使人平庸一辈子"的训诫。

15. 贵在坚持

每天行动一点点,每天进步一点点。贵在坚持,知之者众,力行者少。越简单的事情越不能持之以恒。

别让管理再蒙人

开学第一天，一位先生对学生们说："今天咱们只学一件最简单也是最容易的事儿。每人把胳膊尽量往前甩，然后再尽量往后甩。"说着，先生示范了一遍。"从今天开始，每天做300下。大家能做到吗？"

学生们都笑了。这么简单的事，有什么做不到的？过了一个月，先生问学生们："每天甩手300下，哪些同学坚持了？"有90%的同学骄傲地举起了手。又过了一个月，先生又问，这回，坚持下来的学生只剩下八成。

一年过后，先生再一次问大家："请告诉我，最简单的甩手运动，还有哪几位同学坚持了？"这时，整个教室里只有一人举起了手。这个学生就是后来成为古希腊大哲学家的柏拉图。

这是落实的差距。

马丁·路德·金说："如果一个人是清洁工，那么他就应该像米开朗基罗绘画、贝多芬谱曲、莎士比亚写诗那样，以同样的心情来清扫街道。他的工作如此出色，以至于天空和大地的居民都会对他注目赞美：'瞧，这儿有一位伟大的清洁工，他的科学研究干得真是无与伦比'！"

刚进职场的年轻人，很少马上就被委以重任，往往是做些琐碎的工作。但是不要小看它们，更不要敷衍了事，因为人们是通过你的工作评价你的。如果连小事都做得潦草，别人还怎么敢把大事交给你呢？

第四章
管理并不只是"指点江山"——行动与落实决定领导成败

16. 对失误的掩饰是更大的错误

每个人身上都难免会有这样或那样的缺点，但这并不可怕。可怕的是明知道自己的缺点，却要百般掩饰。百般掩饰自己的缺点，无疑是让蛀虫在自己身上蛀洞，最终只能毁了自己，毁了团队。行动失误是错误，对失误的掩饰是更大的错误。

有一只猫，对于自己的过失总是百般掩饰。

老鼠逃掉了，它说："我看它太瘦，等以后养肥了再说。"

到河边捉鱼，被鲤鱼的尾巴打了一下，它说："是我不想捉它——捉它还不容易？我就是要利用它的尾巴来洗洗脸。"

后来，它掉进河里，同伴们打算救它，它说："你认为我遇到危险了吗？不，我在游泳……"话没说完，它就沉没了。

"走吧，"同伴们说，"它又在表演潜水了。"

正确认识自己是领导者实施自我"领导"的第一步。希腊一座神庙的殿门上面写着这样一句话："认识你自己。"人们认为这句格言就是阿波罗神的神谕。古希腊哲学家苏格拉底最爱引用这句格言教育别人。

有意思的是，两三千年前的格言直到今天看来还有现实意义。你认识自己吗？谈何容易！

通常人们以为外部世界不易发现，而自己对自己却了如指掌。

其实不然,别看你很爱自己,但很可能你一辈子都没有真正认识自己。正所谓"不识庐山真面目,只缘身在此山中"。一个人若想有一番成就,最好是及早地正确认识自己,然后扬长避短,努力去发掘自己的独特潜能。

17. 学会调控自己的情绪

对小事不忍耐,会失去大机会。许多时候,要像一条幼狼一样,在自己力量还很弱小的时候要会忍耐和等待,否则只能是匹夫之勇。大的争斗需要谋略,有所不为才能有所为。

在一场举世瞩目的赛事中,台球世界冠军已走到卫冕的门口。他只要把最后那个8号黑球打进球门,凯歌就奏响了。就在这时,不知从什么地方飞来一只蚊子。蚊子第一次落在握杆的手臂上,有些痒,冠军停下来,蚊子飞走了。这回蚊子竟飞落在了冠军锁着的眉头上,冠军不情愿地停下来,烦躁地去打那只蚊子,蚊子又轻捷地脱逃了。冠军做了一番深呼吸再次准备击球。天啊!他发现那只蚊子又回来了,像个幽灵似的落在了8号黑球上。冠军怒不可遏,拿起球杆对着蚊子捅去。蚊子受到惊吓飞走了,可球杆触动了黑球,黑球当然也没有进洞。按照比赛规则,该轮到对手击球了。对手抓住机会死里逃生,一口气把自己该打的球全打进了。

卫冕失败,冠军恨死了那只蚊子。可惜的是他后来患了重病,

第四章
管理并不只是"指点江山"——行动与落实决定领导成败

再也没有机会走上赛场。临终时他还对那只蚊子耿耿于怀。

因一只蚊子而卫冕失败,实在令人痛惜。但倘若那位冠军当时能以大局为重,控制好情绪,遗憾便不会发生。可见,控制好情绪对一个人有多重要。哪个领导者头上不盘旋着几只"蚊子"?管理中谁都难免遇到一些烦恼之事,如果任由怨恨情绪滋生,便会被愤怒冲昏头脑,做出不理智的事,以致因小失大。因此,每个领导者在行动时都要理智地对待不愉快的事情,善于调控自己的情绪,做情绪的主人。这样你才能成为行动的主人。

一个成熟的领导者的重要标志是:学会制怒,不轻易受到伤害。人必须适当宣泄自己的情感来使得自己达到平衡,但是君子不会无辜伤害人的感情,换句话说君子伤害别人的感情必须是有意识的。这里的君子就是受过很好的情商训练、理性思维很强的人。苏轼就有"天下有大勇者,猝然临之而不惊,无故加之而不怒"的诗句。马卡连柯曾经说:"伟大的意志不宜善于期待并获得某种东西,而且善于迫使自己在必要时拒绝某种东西。没有制动就不可能有机器,没有抑制力就不可能有任何意志。"

18. 做个好听众

管理在很大程度上是沟通问题,80%的管理问题实际上是由于沟通不畅所至。许多管理者不愿倾听,特别是不愿倾听下属的意见,那就自然无法与下属进行畅通地沟通,进而影响了管理的效果。

倾不倾听反映的是管理者对下属的态度，如何倾听牵涉的是管理者的水平问题。如果管理者认为自己听见了就是在倾听，那是不准确的，因为倾听不仅仅是用耳朵，更要用"心"。

曾经有个小国到大国来，进贡了三个一模一样的小金人，金碧辉煌，把皇帝高兴坏了。可是这小国仿佛显得不厚道，同时给国王出了一道题目：这三个金人哪个最有价值？

皇帝想了许多的办法，请来珠宝匠检查，称重量，看做工，都是一模一样的。怎么办？使者还等着回去汇报呢。泱泱大国，不会连这个小事都不懂吧？

最后，有一位退位的老臣说他有办法。

皇帝将使者请到大殿，老臣胸有成竹地拿着三根稻草，插入第一个金人的耳朵里，这稻草从另一边耳朵出来了。第二个金人的稻草从嘴巴里直接掉出来。而第三个金人，稻草进去后掉进了肚子，什么响动也没有。老臣说："第三个金人最有价值！"使者默默无语，答案正确。

这个故事告诉我们，最有价值的人不一定是最能说的人。老天给我们两只耳朵一个嘴巴，本来就是让我们多听少说的。

企业管理中双方所处的地位高低是不等的。地位影响人的心理，从事管理的人不可避免会产生"居高临下"的感觉，而生产人员的心底里则常会生出一丝"怯生生"的念头，"地势使之然，由来非一朝。"人都有倾诉的愿望，但位差的存在使得具有不同身份的人表现形式各异，有的主动，有的消极，这就要求管理者善于倾听。善于倾听是成熟的管理人最基本的素质。

第四章
管理并不只是"指点江山"——行动与落实决定领导成败

19. 决策需要行动作保障

将决策真正落实到行动上，应遵循以下原则：

1. 决策内容明晰化。2. 落实决策的执行者。3. 领导者勇于承担责任。

有一回，一个农夫到菜园主的园子里去偷黄瓜。他爬过黄瓜架，心里想："如果我拿走一口袋黄瓜去卖掉，再用这些钱去买一只母鸡。母鸡会给我下蛋、孵蛋，孵出许多小鸡。我把小鸡喂大，卖掉，再去买一头母猪，母猪长大了会给我下一窝猪崽。我把小猪卖掉，再买一匹母马，母马会给我生许多小马驹。我把小马驹喂大，再卖掉，就可以买一间房子和一块菜地。我买了菜地，要种上黄瓜，我要严加看守，不让别人偷。我还要雇上几个看园子的人，让他们看好黄瓜，而我自己只要在瓜地边上转一转，喊上一声：'喂，你们看守得用心点！'就行了。"农夫想得出了神，忘记了自己是在别人的菜园里，竟大声地喊起来。看园子的人听到喊声，急忙跑来，把这个农夫揍了一顿。

这里谈到的"梦想"，在企业管理中就是决策，再好的决策，没有实际行动作保障，全都是空谈。有的领导者决策做得很好，可是总感觉实施起来有这样那样的困难，最终使决策流产；然后接着做决策，继续想困难，继续流产，陷入了一个空想的怪圈，不能自拔。这样的企业最终只能是止步不前，甚至是关门大吉了。

20. 质量是企业的命脉

在企业管理中，产品质量对企业生存和发展具有决定性的意义，所有企业在质量管理上都不能有丝毫的懈怠。追求质量也是管理的一种艺术，如果企业能建立正确的质量观念并且执行有效的质量管理计划，就能预防不良产品的出现，不会为整天层出不穷的质量问题而头痛不已，使工作充满乐趣。没有质量作保证的企业是走不远行不通的。

有一勤一懒两只燕子同时垒窝，勤燕子仔细寻找结实的树枝和稻草，精心地布置自己的房子，丝毫没有怠慢垒窝这件事。而懒燕子则就近取材，偷工减料，心想只要能容身就行。勤燕子的窝还没有建到一半，懒燕子的新窝就大功告成，住了进去，还时不时地嘲笑勤燕子愚蠢，说："反正就住一年，要这么认真干吗！"勤燕子没有理会它，还是兢兢业业地干着自己的事情。

时隔不久，它们都有了自己的孩子，懒燕子的窝本来就小且不结实，加上被孩子们一折腾，有点摇摇欲坠的感觉。但懒燕子毫不在意，还自我安慰道："没多久就要飞走了，凑乎一下就过去了。"

有一天，它和小燕子们都睡熟了，窝突然掉了下来。它万幸没事，可怜它那些无辜的孩子们，因为刚出生不久还不会飞，一只只活活地被摔死了。

现在懒燕子只好伤心地住到勤燕子那里去，看到勤燕子结实的窝和可爱的孩子们，它悲痛地哭了。

勤燕子和它的孩子们之所以能够安全，是因为有高质量的窝，而懒燕子却不同，它因为懒，投机取巧，偷工减料，而建造不过关的窝，结果失去了自己的孩子。

21. 行动比想法更重要

在工作中，行动比想法更重要，要想顺利地完成工作，取得优异的工作业绩，在经过思考后，关键在于行动。如果不行动，就成了言语上的巨人。

梦想是成大事者的起跑线，决心则是起跑时的枪声，行动犹如参赛者全力的奔跑，唯有坚持到最后一秒，方能获得成大事者的锦旗。

1492年8月，当把一切都准备妥当后，哥伦布率领3艘帆船，开始了一个划时代的航行。

不料出师不利，刚航行几天，他们的船队之中就有两艘船破了，接着又在几百平方千米的海藻中陷入了进退两难的险境。没有办法，哥伦布只有亲自拨开海藻，才得以继续航行。在浩瀚无垠的大西洋中航行了六七十天，也不见大陆的踪影，水手们都失望了，他们要求返航，否则就要把哥伦布杀死。哥伦布兼用鼓励和高压两种手段，

总算说服了船员。天无绝人之路,在继续前进中,哥伦布忽然看见有一群飞鸟向西南方向飞去,他立即命令船队改变航向,紧跟这群飞鸟。因为他知道海鸟总是飞向有食物和适于它们生活的地方,所以他预料到附近可能有陆地。哥伦布果然很快发现了美洲新大陆。

我们完全可以想象得出,如果哥伦布再等下去,必然会一生蹉跎,"空悲切,白了少年头",美洲大陆的发现者可能改换他人了。哥伦布最终成了英雄,从美洲带回了大量黄金珠宝,并得到了国王的奖赏,以新大陆的发现者名垂千古,这一切都是行动的结果。

所以说,行动比想法更重要!为了更加顺利地工作,取得事业上的佳绩,凡事一定要积极地付诸行动。为避免万事俱备以后而不行动或者行动之后却半途而废,我们应该注意两点:

一是要预料种种困难。因为每一个冒险都会带来许多风险、困难与变化。假设你从芝加哥开车到旧金山,一定要等到"没有交通堵塞、汽车性能没有任何问题、没有恶劣天气、没有喝醉酒的司机",没有任何类似的意外之后才出发,那么你什么时候才能出发呢?老实告诉你:你永远也走不了的。当你计划到旧金山时,先在地图上选好行车路线,检查一下车况以及其他需要尽量排除的意外。这些都是出发前需要准备的事项,但是从理论上说,你仍无法完全消除所有的意外。但你还是要动身,必须如此。

二是发生困难时,要勇敢面对,绝对不能畏缩。成大事者并不是行动前就解决了所有的问题,而是遭遇困难时能够想办法克服。不管是从事工商业还是解决婚姻问题或任何人生问题,一遇到麻烦就要想办法处理,正像遇到障碍物就要跨过去一样。我们无论如何也买不到万无一失的保险,所以当你制订一项计划时,不要瞻前顾后,而要下定决心去实行你的计划。要知道,行动本身会增强信心,行动本身就是在克服各种困难。

一次行动胜过百遍胡思乱想,说一尺不如行一寸,行动比想法更重要。

22. 走动式管理

单打独斗、个人英雄主义的闭门造车工作方式,在现今知识经济时代是越来越不可取了,团队分工合作的工作方式正逐渐被各企业所认同。管理中打破各级各部门之间无形的隔阂,相互之间融洽、协作的工作氛围,是提高工作效率的良方,也是完成任务的必经之路。

美国惠普公司创造了一种独特的"走动式管理办法",鼓励部门负责人深入基层,直接接触员工。

为此,惠普公司的办公室布局很早之前便采用了别人很少用的"敞开式大房间",即全体人员都在一间敞厅中办公,各部门之间只有矮屏分隔,除少量会议室、会客室外,无论哪级领导都不设单独的办公室,同时不称头衔,即使对董事长也直呼其名。这样有利于上下左右通气,创造无拘无束和紧密合作的氛围。

对一个企业而言,最重要的一点是营造一个快乐、进步的环境:

在管理者和同事之间,可以上下公开、自由自在、诚实地沟通。不要在工作中人为地设置屏障,要敞开式办公,制造平和的气氛,这同时也敞开了彼此合作与心灵沟通的门。

23. 制度要有弹性

规章制度是为了教育人、影响人,不是为了惩罚人、处理人,在关键时刻管理者应作出变通,宽松处理,以促进员工的进取心,促使他们进步。

小李在一家民营企业做文秘工作,该企业创业伊始,人力资源部特别强调增收节支,把节约纳入绩效考核的内容。对打印部提出的要求是:节约用纸,一张纸要正反两面用,非正式文件,一般不得用空白纸。

打印部照章办事,有一次,废纸用完了,小李只好用空白纸打印,人力资源部经理一看用的不是废纸,脸色陡变,说:"为什么不用废纸打呀,打印室不是有明文规定,非正式文件要用废纸吗?"

小李解释说:"废纸用完了。"

人力资源部经理似信非信:"每天打印那么多文件,我就不相信打印室没有一张废纸!"

又有几次没有废纸的时候,小李不得不用空白纸打印必须要打印的东西。人力资源部经理不相信,亲自到打印室检查,翻箱倒柜,还真找出几张废纸。小李很是尴尬,几乎掉下了泪。

在月末例行的会议上,人力资源部经理对打印室提出了尖锐批评,还扣了小李当月的奖金。

从此以后,每到实在没有废纸可用的时候,小李就非常着急。后来,有人指点:没废纸的时候,就用空白纸先打印一份其他文件,然后翻过来再打印。这样就有了永远用不完的废纸。从此,小李再也没有挨过人力资源部经理的批评。

又到了月末例会,人力资源部经理对打印部的工作非常满意,提出表扬,还发了100元的节约奖。

本意是强调增收节支,奖励勤俭节约,但因为制度的不合理性,相反却惩罚了遵守制度的的行为,奖励了浪费行为。这样的制度,不仅不会给企业带来好处,还会给企业带来无穷无尽的隐患。制度是重要的,但任何一种制度都是人定的,在操作上都应有一定的弹性。物极必反,当它的执行者刻板到只重形式的时候,人力资源管理就成了表面文章。

24. 管理需注重技巧

提高员工的素质和能力是提高管理水平的有效方式。学习有利于提高团队执行力,便于增强团队凝聚力。手把手的现场指导可以及时纠正员工的错误,是提高员工素质的重要形式之一。

有一回，日本歌舞伎大师勘弥扮演古代一位徒步旅行的百姓，他上场之前故意解开自己的鞋带，试图表现这个百姓长途旅行的疲态。正巧那天有位记者到后台采访，看见了这一幕。等演完戏后，记者问勘弥："你为什么不当时指教学生呢，他们并没有松散自己的鞋带呀。"勘弥回答说："要教导学生演戏的技能，机会多的是，在今天的场合，最重要的是要让他们保持热情。"

指导必须注重技巧，就像勘弥大师那样要保护员工的热情。管理者必须避免教训式指导，应当语重心长地激励员工提高自身业务素质。除了现场指导外，还可以综合运用培训、交流会、内部刊物、业务竞赛等多种形式，激发员工不断提高自身素质和业务水平，形成一个积极向上的学习型团队。

25. 管理应有所为有所不为

在企业做一个管理者，最终看的是结果，你做得好不好，看你的工作成果好不好就行了。常常会有些管理者自己忙得连吃饭的时间都没有，可事情总没有好的结果，何也？主要是他们没有把握好有所为与有所不为的道理。

西汉有一个丞相叫丙吉，有一天他到长安城外去视察民情，走到半路就有人拦轿喊冤，查问之下原来是有人打架斗殴致死，家属来告状。丙吉回答说："不要理会，绕道而行。"走了没多远，发现有一头牛躺在路上直喘气,丙吉下轿围着牛查看了很久,并问了很多问题。对此人们议论纷纷,觉得他不称职,死了人不管,对一头生病的牛却那么关心。

皇帝听到传言后便责问丙吉,丙吉回答:"这很简单,打架斗殴是地方官员该管的事,他自会按法律处置,如果他渎职不办,再由我来查办他,我绕道而行没有错。丞相管天下大事,现在天气还不热,牛就躺在地上喘气,我怀疑今年天时不利,可能有瘟疫要流行。要是瘟疫流行,我没有及时察觉到,这就是我丞相的失职。所以,我必须了解清楚这头牛生病是因为吃坏了东西还是因为天时不利。"一番话说得皇帝非常地赞赏。

做为一名管理者,应该清楚自己的职责,明白什么该管、什么不该管,要"有所为有所不为"。管理者所处的层级不同,关注的事情、思考的问题就应有所不同。只有牢记自己的职责,明白自己的管理层面,才有可能正常行使管理职能。

26. 生活是自己创造的

小事反映的是大事,不要对工作中的小事敷衍应付或者轻视懈怠。所有的成功者,他们与我们都做着同样简单的小事,唯一的区别就是,他们从不认为他们所做的事是简单的小事。

有个老木匠准备退休,他告诉老板说要离开建筑行业,回家与

妻子儿女享受天伦之乐。

老板舍不得他的好工人走，问他是否能帮忙再建一座房子，老木匠说可以。但是大家后来都看得出来，他的心已不在工作上，他用的是软料，出的是粗活。房子建好的时候，老板把大门的钥匙递给他。

"这是你的房子，"老板继续说，"的我送给你的礼物。"

他震惊得目瞪口呆，羞愧得无地自容。如果他早知道是在给自己建房子，他怎么会这样呢？现在他得住在一座粗制滥造的房子里！

我们又何尝不是这样。我们漫不经心地"建造"自己的生活，不是积极行动，而是消极应付，凡事不肯精益求精，在关键时刻不能尽最大努力。等我们惊觉自己的处境时，早已深困在自己建造的"房子"里了。把自己当成那个木匠吧，每天你敲进去一颗钉，加上去一块板，或者竖起一面墙，用你的智慧好好建造"房子"吧！你的生活是你一生唯一的创造，不能铲平重建，即使只有一天可活，那一天也要活得优美、高贵，墙上的铭牌上写着："生活是自己创造的。"

第五章

管理怎能不用人
——领导的学问就是用人的学问

在企业的诸多管理要素中,人力资源管理的重要性无论怎样强调都不过分。因为人是其中最活跃、最富创造性又最难于把握的因素。领导者如果能把这一因素充分调动起来,一个企业便永远充满生机。

1. 以诚实为标准取舍人才

诚实，应是选拔人才的第一标准。诚信在这个社会越来越重要，它无论是作为道德标准还是法律标准都会对个人的行动产生重大的影响，所以，在管理行为中贯彻这个准则，是一个合格管理者的重要工作，否则，他的工作将会受到很大的影响。

古代有位埃及王子即将登基，不过根据律法，登基前必须先结婚。

未来的王后要母仪天下，必须要能让王子完全信任才行。王子听从智者的建议，召见当地所有年轻女子，打算从中挑选最合适的人选。一位在宫廷服务多年的女婢听到消息，感到非常难过，因为她的女儿偷偷地对王子起了好感。她回家后告诉女儿，知道女儿想去一试，心里非常恐惧。"女儿啊，你去了又有什么用？全城最有钱、最漂亮的小姐，全部都会去。我知道你一定很痛苦，不过还是理智一点好。"

女儿回答："妈妈，我神智很清楚，我知道不会有幸中选，不过趁这个机会，至少能接近王子一下，这样我就心满意足了。"

当天晚上女儿抵达皇宫时，现场的确佳丽云集，华服与珠宝令人目不暇接，她们都准备好要把握良机。王子宣布要进行一场竞赛，发给每人一颗种子，六个月后能种出最美丽花朵的人，就能成为他

第五章
管理怎能不用人——领导的学问就是用人的学问

的未来的王妃。

女儿把王子给她的种子种在花盆里。由于她对园艺并不在行，所以费了很多心思准备泥土。她相信，如果花朵能长得和她的爱一样大，就不用担心结果如何。

然而三个月之后，花盆里连根芽都没有长出来。她百般尝试，也请教过花匠，学过各种各样的种植方法，却是一无所获。尽管她对王子的爱依然真挚，但觉得美梦离她越来越远。

六个月过去了，她的花盆里什么也没有长出来。尽管如此她还是告诉母亲，要依约回到皇宫。她心里知道，这是最后一次和心爱的人见面了，再怎么样也不能错过这个机会。

众佳丽回来觐见王子的那天，女孩端着什么植物也没有的花盆进入皇宫。她看到其他人的花都长得枝繁叶茂、争奇斗艳，花形和颜色都有天南地北之别。

最后一刻终于到了。王子进入宫殿，仔细看了大家培育出来的花朵。看完之后，他有了中意的人选，宣布将迎娶这位婢女的女儿为妻。

其他的小姐忿忿不平，表示他选中的人根本什么都没有培育出来。

王子心平气和地解释这次比赛的结果：

"这位小姐种出了唯一能够母仪天下的花朵，那就是诚实的花朵。我发下去的种子，全部都是煮过的，再怎么种也种不出东西。"

以诚实为标准取舍人才，他所能失去的可能仅仅是眼前一点利益，但他能得到的是整个将来，如那位王子。

2. 有能力不如德馨

一个品德良好的人，即使能力差了一些，也不要紧，至少他是让人信赖的。能力固然重要，但若没有良好的品德作保证，能力再强，手艺再高超也是徒然。因为他有可能利用他的技艺去犯罪，这样的人，谁敢信任和重用呢？

一位受人尊敬的老锁匠老了，为了不让他的技艺失传，他便开始物色徒弟。最后老锁匠挑中了两个年轻人，将一身技艺传给了他们。

一段时间以后，两个年轻人都学会了不少东西。但两个人中只能有一个得到真传，老锁匠决定对他们进行一次考试。

老锁匠准备了两个保险柜，分别放在两个房间，让两个徒弟去打开，谁花的时间短谁就是胜者。结果大徒弟只用了不到十分钟就打开了保险柜，而二徒弟却用了半个小时，众人都以为大徒弟必胜无疑。老锁匠问大徒弟："保险柜里有什么？"大徒弟眼中放出了光亮："师傅，里面有很多钱，全是百元大钞。"问二徒弟同样的问题，二徒弟支吾了半天说："师傅，我没看见里面有什么，您只让我打开锁，我就打开了锁。"

老锁匠十分高兴，郑重宣布二徒弟为他的正式接班人。

一般说来，人在感受到自己的良好品德的时候，就会产生快乐和满足的感觉，进而诱发出全力以赴的心情。

可以确切地说，对别人信而不疑的人，如果具备了良好的道德记录，那么他周围的人就很难产生"离心"的念头。下属不仅会被上司信赖自己的态度所深深感动，而且也被上司的能力和成就所深深吸引。

在管理中，一个真正信赖别人的人，一定也会受到大多数人同样的信赖。毕竟，人是有感情的动物，几乎每个人都有"投桃报李"、"以心换心"的想法。相反，那种冷眼旁观他人对自己的责任、时刻想利用领导对自己的信任的人，只是成千上万人中的极少数。

3. 傲慢的代价

金钱可以帮助一个人解决困难，信任却能拯救一个人的灵魂，因为信任是建立在宽容和尊敬的基础之上的，这比什么都重要。但对领导而言，信任又往往是最难做到的。浪子回头金不换，信任可让一个人脱胎换骨。

在一个小镇上有一个出名的地痞，整日游手好闲，酗酒闹事，人们见到他唯恐躲避不及。

一天，他醉酒后失手打死了前来上门讨债的债主，被判刑入狱。

入狱后的地痞幡然悔悟，对以往的言行深深感到懊悔。一次，

他成功地协助监狱制止了一次犯人集体越狱出逃，获得减刑的机会。

地痞（原谅继续这样称呼他）从监狱中出来后，回到小镇上重新做人。

他先是想找地方打工赚钱，结果全被对方拒绝。这些老板以前全部遭受过他的敲诈，谁也不要他这种人来工作。食不果腹的地痞又来到亲朋好友家借钱，遭到的都是一双双不信任的眼光，他那一点刚刚充满希望的心，开始滑向失望的边缘。这时，镇长听说了，就拿出了100美元送给他。地痞接钱时没有显出过分的激动，他平静地看了镇长一眼后，消失在镇口的小路上。

数年后，地痞从外地归来。他靠100美元起家，努力拼搏，终于成了一个腰缠万贯的富翁，不仅还清了亲朋好友的旧账，还领回来一个漂亮的妻子。

他来到了镇长的家，恭恭敬敬地捧上了1000美元，然后说道："谢谢您！"

事后，费解的人们问镇长，当初为什么相信他日后能够还上100美元，他可是出了名的借债不还的地痞。

镇长笑了笑，说："我从他借钱的眼神中，相信他不会欺骗我，我那样做是让他感受到社会和生活不会对他冷酷和遗弃。"

就这样，信任拯救了一个即将走向极端的人。

有两种方法可以证明你对员工的信任，使得你的员工更舒适地、更充满自信地工作。一种是用易于表达的语言表达出你的信任，没有必要用甜美的语言，只是告诉他你的感觉。确实，对有些人来说这很困难，尤其是那些在表达情感方面有困难或感到不舒服的人。

无论怎样，你都需这样做，事实会证明你经历的这些痛苦是值得的。

另一种方法就是让员工去担任某一职位或承担某一任务，这样你对他的信任就不言自明，这些接受了重要任务的员工会感觉良好，他能不拿出全部精力来完成任务吗？

4. 打开员工的心锁

每个人的心都像上了锁的大门，任你再粗的铁棒也撬不开。唯有关怀，才能把自己变成一把细腻的钥匙，进入别人的心中，打开心锁。打开了员工的心锁，管理就成功了一大半。

一把坚实的大锁挂在大门上，一个大汉用一根铁棍费了九牛二虎之力还是无法把它撬开。

钥匙来了，它瘦小的身子钻进锁孔，只轻轻一转，大锁就"啪"的一声打开了。

铁棍看到后不解地问：

"为什么我费了那么大力气也打不开，而你却轻而易举地就把它打开了呢？"

钥匙笑了笑，回答说：

"因为我最了解它的心。"

关怀与理解是打开心锁的钥匙。下面是一些建议，不妨一试：

①让员工了解公司政策。

②促进员工主动参与。

③从内部提拔领导,稳定人心。

④建立有效的奖励制度。

⑤通信制度搭起沟通桥梁。

⑥每月一次的"员工参与管理会议"。

⑦健全"抱怨"登记制度。

5. 路遥知马力

"路遥知马力,日久见人心"。只有长时间的接触和交往,才能了解一个人的本性,如果单凭第一印象就下结论,十有八九会出问题。第一印象只涉及容貌和言谈举止,而本性等内在因素是长时间交往中逐步表现出来的。所以对人才的评价和使用,领导者应小心再小心。

只有经过长时间的细心观察,才能对一个人作出正确而全面的判断。

大多数的同仁都很兴奋,因为单位里调来了一位新主管,据说是个能人,专门被派来整顿业务。可是,日子一天天过去,新主管却毫无作为,每天彬彬有礼地进入办公室后便躲在里面难得出门,那些开始时紧张得要死的坏分子,现在反而更猖獗了。他哪里是个能人,根本就是个老糊涂,比以前的主管更容易唬。

第五章
管理怎能不用人——领导的学问就是用人的学问

四个月之后,新主管却发威了,坏分子一律被开除,能者则获得提升。下手之快,断事之准,与四个月中表现保守的他,简直像换了一个人。年终聚餐时,新主管在酒后致辞:相信大家对我新上任后的表现和后来的大刀阔斧,一定感到不解。现在听我说个故事,各位就明白了。

我有位朋友,买了栋带着大院的房子,他一搬进去,就对院子全面整顿,杂草杂树一律清除,改种自己新买的花卉。某日,原先的房主回访,进门大吃一惊地问,那株名贵的牡丹哪里去了。我这位朋友才发现,他居然把牡丹当草给割了。后来他又买了一栋房子,虽然院子更是杂乱,他却是按兵不动,果然冬天以为是杂树的植物,春天里开了繁花;春天以为是野草的,夏天却是一团锦簇;半年都没有动静的小树,秋天居然红了叶。直到暮秋,他才认清哪些是无用的植物而大力铲除,并使所有珍贵的草木得以保存。

说到这儿,主管举起杯来,"让我敬在座的每一位!如果这个办公室是个花园,你们就是其间的珍木。珍木不可能一年到头总开花结果,只有经过长期的观察才认得出啊。"

企业如果切实花时间去评估员工个人的才干,就会得到众多好处。

首先,领导者为恰当的职位找到了恰当的人选,大大地减少了人员流失的可能性。其次,企业花时间评估员工的个性之后,能更好地建立一种统一的企业文化,使员工的个人目标与企业的目标相吻合。当员工同心协力地工作时,企业就能在竞争中胜出。第三,聘用恰当的员工还能少出令人不快的意外。

6. 用好员工的缺点

并不是所有缺点都毫无用处，正如菌类，人们谈"菌"色变，可青霉素菌却为人类所用，说不定今天的毒菌就是拯救明天的灵丹妙药。发现别人的缺点是聪明人，用好别人的缺点是智者。

一位挑水夫，有两个水桶，分别吊在扁担的两端，其中一个水桶有裂缝，另一个则完好无缺。在每趟长途的挑运之后，那个完好无缺的水桶总是能将满满一桶水，从溪边送到主人家中；而那个有裂缝的水桶在到达主人家时，却永远只剩下半桶水。

两年来，挑水夫就这样每天挑一桶半的水来到主人家。当然啦，好桶对自己能够运送整桶水很自豪。那破桶呢？它对于自己的缺陷非常羞愧，并为自己只能完成一半任务而感到非常难过。

饱尝了两年失败的苦楚，破桶终于忍不住，在小溪旁对挑水夫说："我很惭愧，必须向您道歉。"

"为什么呢？"挑水夫问道，"你为什么觉得惭愧？"

破桶回答道："过去两年，因为水总从我这边漏出去，所以我只能送半桶水到达您的主人家。我的缺陷使您付出了全部的劳动却只能收到一半的回报。"

挑水夫真诚地宽慰破水桶，充满爱心地向它说："待会儿在我们回到主人家的路上，我希望你留意路旁盛开的花朵。"挑水夫又挑了两桶满满的水，折返回主人家。走在山坡上，破桶眼前一亮，正如挑水夫所言，它看到缤纷的花朵，开满路的一边，并沐浴在温暖的阳光之下，这景象使它极度兴奋。但是，当走到小路的尽头，它又难受了，因为一半的水又在路上漏掉了！

破桶再次向挑水夫道歉，挑水夫说："你有没有注意到路两旁，只有你的那一边有花，好桶的那一边却没有花开。"

"我明白你有缺陷，因此我善加利用，在你那边的路旁撒了花种，每回我从溪边来，你就可替我一路上浇花！两年来，这些美丽的花朵装饰了主人的餐桌。如果不是你，主人的桌子上也不会有这么好看的花朵呢！"

一位优秀的管理者必定十分清楚员工的长处和短处，他会依此适当地分配工作。除非雇员有能力接受此项任务、接受所授予的权力和责任，否则，工作分配就会是无效的。致力于选聘、训练、督导、发展员工的领导者，应该知道什么时候雇员有条件接受某项任务。这是成功分配工作的第一步。

7. 欲成大事，先做好小事

大事看能力，小事看人品。一些看似平凡的小事，往往能折射出一个人的品质和敬业精神，而这正是赢得主考官或用户青睐的关键。所以一个欲成大事的人，应该在生活中做好每一件小事，不以

事小而不为。作为领导者,也要善于在小事中发现一个人的优异之处。

一个只有中专学历相貌平平的女孩,到一家合资公司去应聘,外方的经理看了她的材料后,没有表情地拒绝了。

女孩收回自己的材料,站起来准备走,突然觉得自己的手被扎了一下,看了看手掌,上面渗出一颗血珠。原来是桌子上一个钉子露出在外面。

她见桌子上有一块镇纸石,便拿过来用劲儿把小钉子压了下去。然后,微微一笑,说声再见转身离去。

几分钟后,公司经理派人在楼下追上了她。她被公司破格录用了。

无论你贵为君主还是身为平民,无论你是男还是女,都不要看不起自己的工作。如果你认为自己的劳动是卑贱的,那么你永远也不会从自己的工作中学到经验和技能,永远也不可能获得事业的成功。

今天,同样还有许多人认为自己所从事的工作是低人一等的。他们身在其中,却无法认识到其价值,只是迫于生活的压力而劳动。他们轻视自己所从事的工作,自然无法投入全部身心。他们在工作中敷衍塞责、得过且过,而将大部分心思用在如何摆脱现在的工作环境上。这样的人在任何地方都不会有所成就,当然,更不会受到重用、提升。

第五章
管理怎能不用人——领导的学问就是用人的学问

8. 将员工放在合适的岗位上

不要总是把自己的目标强加于人，不要以为你所需要的也一定是别人所需要的。人与人的差异或许就如同飞鸟与游鱼的差异一样，离开了适合他的环境，他可能就一无是处，所以有的放矢、因人而用是管人用人时不能忘记的。给鱼离开水的自由，也就是给了它死亡。

天空中，有一只鸟儿在自由自在地飞翔着，看见下方有一个池塘，就落下来小憩。

鸟儿看见一条鱼儿在水中游来游去。它想："多可怜的鱼儿呀！整天被无情地泡在冰冷的水里，无法上岸走走，更不能像我一样在天空自由自在地飞翔。我一定要把它救到天上来。"

于是鸟儿对鱼儿说：

"亲爱的朋友，你可真傻啊，整天待在这沉闷冰凉的水里受罪，来吧，跟随我一起去天空自由自在地生活吧！"

"可是……我，好像无法离开这水呢。"鱼儿迟疑地回答。

"你可真笨！那么好吧，既然你自己没有办法离开这一池讨厌的水，那么，就让我来帮你吧！"

鸟儿说完飞向水面，然后一头扎进水里，把游鱼叼到了口里。接着，它奋起翅膀，向天空飞去。

"放下我!快放下我!"鱼儿感到呼吸困难,向鸟儿求救。

可好心的鸟儿一心要拯救这只"可怜"的游鱼,它要让这鱼儿饱览高空美景,让它享受高空自由自在的生活,让它看看在森林中安家是一件多么惬意的事……

可是,当鸟儿最后把鱼儿放在林中自己的鸟巢里时,鱼儿早已经断了气。

有效的管理者能使人发挥他的专长,他懂得用人不能以其弱点为基础。须知任何人都必定有很多弱点,而弱点几乎是不可能改变的。但我们却可以设法使弱点不发生作用。管理者的任务,就在于运用每一个人的长处。有效的管理者择人任事和升迁,往往都以一个人能做些什么为基础。所以,他的用人决策在于如何发挥人的长处。

9. 最大限度地利用人力资源

最有用的人才就是为企业创造最大价值的人才,作为一名管理者,充分利用各种资源为企业创造更大价值是本身的任务,也是衡量管理者是否优秀的重要标准。企业是市场经济的主体,而管理者则是这个主体的"掌舵人"。

有这样一个故事,主人公是一个贵族,他要出门到远方去。临

第五章
管理怎能不用人——领导的学问就是用人的学问

行前,他把仆人召集起来,按照各人的才干,给他们银子,叫他们去支配。等他回来后,再检查一下他们的成果如何。

后来,这个贵族回国了,就把仆人叫到身边,了解他们创收的情况。

第一个仆人说:

"主人,你交给我五千两银子,我已用它赚了五千两。"

贵族听了很高兴,赞赏地说:

"好,善良的仆人,你既然在赚钱的事上对我很忠诚,又这样有才能,我要把许多事派给你管理。"

第二个仆人接着说:

"主人,你交给我两千两银子,我已用它赚了两千两。"

贵族也很高兴,赞赏这个仆人说:

"我可以把一些事交给你管理。"

第三个仆人来到主人面前,打开包得整整齐齐的布包说:

"尊敬的主人,请看,您的一千两银子还在这里。我把它埋在地里,听说您回来,我就把它掘了出来。"

贵族的脸色沉了下来,大怒:"你这又笨又懒的仆人,你浪费了我的钱!"

说完他夺回这一千两,转身把这些钱给了第一个仆人。

懂得最大限度地利用资源的人才能为企业创造更大的价值。

松下公司初创时期雇用的人才,学历都比较低,当然一方面是当时教育状况使然。当时的教育提供不出那么多的高学历人才,你当然也就不能更多地雇用。另一方面的原因,则是源自松下的人才

理念,那就是人才必须"适合",即人才的水准和他所在的公司和所从事的业务适合。

10. 对人才也不可放纵

给马儿套上笼头和缰绳它才会让人驱役;给人才以制度的约束他才会才尽其用。越是人才越渴望在工作中更大限度的自由,但如果他不能正确利用这样的自由就会走上歪路。因此,制度的制约对人才是必不可少的。

一个骑师,让他的马儿接受了彻底的训练,因此他可以随心所欲地使唤它。只要把马鞭子一扬,那马儿就乖乖地听他支配,而且骑师说的话,马儿句句明白。

"给这样的马加上缰绳是多余的。"他认为用言语就可以把马驾驭住了。有一天骑马出去时,他把缰绳解掉了。

马儿在原野上飞跑,开头还不算太快,仰着头抖动着马鬃,雄赳赳地高视阔步,仿佛要叫他的主人高兴。但当它知道什么约束也没有的时候,英勇的骏马就越发大胆了。它的本性又复原了!它的眼睛里冒着火,脑袋里充着血,再也不听主人的叱责,愈来愈快地飞驰过辽阔的原野。

不幸的骑师,如今毫无办法控制他的马了,他想用笨拙而颤抖的手把缰绳重新套上马头,但已经无法办到。完全无拘无束的马儿撒开四蹄，一路狂奔着，竟把骑师摔下马来。而它还是疯狂地往前冲，像一阵风似的，什么也不看，什么方向也不辨，一股劲儿地冲下深谷，摔了个粉身碎骨。

"我的可怜的好马呀，"骑师好不伤心，悲痛地大叫道，"是我一手造就你的灾难，如果我不冒冒失失地解掉缰绳，你就不会不听我的话，就不会把我摔下来，你也就决不会落得这样悲惨的下场。"

市场就是战场，战争是残酷的，为了赢得主动，在用人问题上你不能被其他非理性因素所羁绊。再优秀的人才也要给他套上一个供你操控的"笼头"和"僵绳"。

11. 给员工一点压力

压担子是培养、锻炼人才的捷径，善于培养人才可以让一个团队不会因新老交替而影响业绩和正常运转，可以让这个团队更具竞争力。而压担子式的培训让员工在克服困难的过程中掌握基本技能，具备了承担正常工作的能力。

一位音乐系的学生走进练习室。指导教授是个极有名的钢琴大师。他给自己的新学生一份乐谱。

"试试看吧！"他说。

乐谱难度颇高，学生弹得生涩僵滞错误百出。

"还不熟，回去好好练习！"教授在下课时，如此叮嘱学生。

别让管理再蒙人
BieRang GuanLi ZaiMengRen

学生练了一个星期仍不流畅,第二周上课时正准备着挨批评,没想到教授又给了他一份难度更高的乐谱,"试试看吧!"上星期的功课,教授提也没提。

学生再次挣扎于更高难度的技巧挑战中。

第三周,更难的乐谱又出现了,同样的情形持续着,学生每次在课堂上都被一份新的乐谱困扰,然后把它带回去练习;接着再回到课堂上,重新面临难上两倍的乐谱,却怎么都追不上进度,一点也没有因为上周的练习而有驾轻就熟的感觉。学生感到愈来愈不安、沮丧及气馁。

教授走进练习室,学生再也忍不住了,他必须向钢琴大师提出这三个月来不断折磨自己的质疑。

教授没开口,他抽出了最早的第一份乐谱,交给学生。

"弹奏吧!"他以坚定的眼神望着学生。

不可思议的事情发生了,连学生自己都诧异万分,他居然可以将这首曲子弹奏得如此美妙、如此精湛!教授又让学生试了第二堂课的乐谱,仍然如此。演奏结束,学生怔怔地看着老师,说不出话来。

"如果我任由你表现最擅长的部分,可能你还在练习最早的那份乐谱,不可能有现在这样的程度。"教授缓缓地说。

员工进入某一团队标志着该员工职业上得到暂时的稳定。人们都渴望有一个稳定的职业。但是,我们必须看到,过分的安全感和稳定性对员工工作的积极性和创造性是一种束缚。员工如果没有压力,也就失去了动力。因此,在团队内部引入竞争机制是必要的。

竞争机制的引入有利于保持团队旺盛的活力，消除死气沉沉的气氛。在实际工作中，在人事制度上实行"岗位能上能下，员工能进能出，待遇能高能低"的原则，在调动员工的积极性和创造性方面取得了显著的成效。片面地强调稳定或片面地强调竞争都是不可取的，正确的方法是把二者有机地结合起来。

12. 见人之长，用人之长

业贵于专，与其选用什么都会又什么都不精的所谓全才、通才，还不如用学有所长的专才。

在公司人力资源管理中，常有一些自称是通才、全才的人，他们自视很高，认为自己无所不能，也因此瞧不起他人。但当公司起用这些人的时候，他们却不能承担重任。领导者要善于识人，同样要善于用人，得力干将是在实践中干出来的而不是吹出的。

森林里要举行比武大会，比赛的项目有飞行、赛跑、游泳、爬树和打洞。动物们纷纷报名参加自己拿手的项目，鼹鼠也来了，它要求参加所有的项目。负责报名的乌龟把老花镜摘下又戴上，怀疑地上下打量着它。

"都会！"鼹鼠自豪地回答说。

几只叽叽喳喳的小麻雀都闭了嘴，佩服地看着它，然后又叽叽喳喳地飞走了，逢人就说："鼹鼠可厉害了，它什么都会！"

别让管理再蒙人
BieRang GuanLi ZaiMengRen

　　比赛开始了，最先比的是飞行。一声哨响，老鹰、燕子、鸽子一下就飞得没影了，鼹鼠扑腾着飞了几丈远就落了下来，着地时还没站稳，摔了个嘴啃泥；赛跑比赛，兔子得了第一后，躺在树下睡了一觉醒来，鼹鼠才跌跌撞撞地跑到终点；游泳比赛，鼹鼠游到一半就游不动了，大声喊起救命来，多亏了好心的乌龟把它驮回岸上；比赛爬树时，鼹鼠还没爬到树顶就抱着树枝不敢再爬，顽皮的猴子爬到树顶后摘了果子往它头上扔，明知道它不敢用手去接，还故意说请它吃水果；和穿山甲比赛打洞，穿山甲一会儿就钻进土里不见了，鼹鼠吃力地刨啊刨，半天才钻进半个身子，观众见它撅着屁股怎么也进不去，都哄笑起来。

　　鼹鼠虽然有五种本领，可一到用的时候却没有一样是中用的，这哪能算是本领呢？

　　美国著名管理学家杜拉克指出："有效的管理者择人任事和升迁，都以一个人能做些什么为基础。所以，他的用人决策，不在于如何减少人的短处，而在于如何发挥人的长处。"世界上没有不存在任何缺点的人，领导者用人的要诀之一，就是如何发挥人们的长处，而不是寻找十全十美的"完人"。如果不能见人之长，用人之长，而是念念不忘其短，势必会产生歧视人、压制人的现象。人能用其长，无人不可用，肯定会人才济济，欢聚一堂。

> 第五章
> 管理怎能不用人——领导的学问就是用人的学问

13. 为员工设立竞争对象

缺乏竞争，没有压力，在一个一成不变的管理模式和舒适的工作环境中无忧无虑地工作，时间一久，这里就变成了那个正在被加热的容器，里面的员工则是那只青蛙。从管理的角度讲，领导者应该创造一个更有激情、员工的反应更敏锐的工作环境，表面看来这也许影响团队的稳定，但这样的团队才是最有效率的。

生物学界有一项实验，生物学家把一只青蛙放在一个盛满凉水的容器里，然后在容器下用热源给容器快速加温，容器中的凉水在快速升温后，青蛙会马上从容器中跳出来。如果用热源慢慢地给盛有青蛙的容器加温，控制在每两天升温一度的状态下，那么，即使水温到了摄氏60度——虽然这时青蛙几乎已经被煮熟了，青蛙也不会主动从容器中跳出来。

管理者应该是用人专家，正如美国著名经营专家马考尔所说："管理之本在于用人。"怎样才能把人才用在"刀刃"上呢？

俗语说得好："士为知己者死。"身为管理者，如果你了解了下属的本性，也就知道如何有效地激励他。那么他必会助你一臂之力，让你的目光更犀利，更具穿透性，同样的这也是为了帮助你更快地走入他们的心灵，驾驭他们，领导他们，开发他们

身为管理者，你应该注意观察每个员工的特点，然后根据其特

性，委以不同的工作，使其"才尽其用"。如果你能做到这一点，相信你领导的部门及员工将会前途无量。

14. 人才，不能只在需要之时才想起他

花朵的艳丽宜春日欣赏，绿竹的高节则在急风骤雨后更显挺拔。但对于优秀人才，不能只在需要他的时候才想起他。无论是崇尚浮华的各式花朵的花园，还是无言绿竹的憩息地，都体现着"园丁"的领导智慧。

一到春天，整个花园姹紫嫣红，煞是美丽。花园里种有一棵青翠的绿竹，它的旁边是攀附墙壁生长的牵牛花以及艳丽的玫瑰花。牵牛花和玫瑰花天南地北地聊天，牵牛花对玫瑰说："玫瑰妹妹！你看我的颜色，是多么鲜艳美丽，哪像那棵绿竹，一点变化也没有。"玫瑰花也凑起热闹说："牵牛花姊姊，就是嘛！你看我多么芬芳，身材多么婀娜多姿，哪像那棵绿竹，长得呆板乏味。"几天后，一场狂风骤雨，吹得花园内残花败柳。牵牛花枝残花萎，玫瑰花被连根拔起，只剩下不起眼的绿竹，即使经过风雨的摧折，仍然屹立不倒。

一个好的企业和好的管理者要始终牢记这一条：他的职责是帮助员工成功。如果管理者用权力欺压员工，就不是一个称职的管理

第五章
管理怎能不用人——领导的学问就是用人的学问

者,至少不是一个具有现代意识的管理者。管理者最重要的事情是要用他的权力、他的专长、他的影响力来帮助员工成功。管理者不能让自己手下的员工不断失败、不断炒员工的鱿鱼——这段话是惠普中国公司原副总裁吴建中说的。

让管理亲和于人,让管理者与员工心理距离拉近,让管理者与员工彼此间在无拘无束的交流中互相激发灵感、热情与信任,这样的理念在优秀的企业家心中越来越达成共识。有位专栏作家参观英特尔公司时,看到当时英特尔的首席执行官格鲁夫的格子间与员工的格子间一样大小后,很尖刻地指责格鲁夫这种做法比较虚伪。格鲁夫却回答说,他这样做的理由是不想让权力放大,给员工造成心理压力,以便能更好地与员工进行交流。

要让管理真正亲和于员工,不仅表面上要与员工拉近距离,还要真正关心员工;不单是关心员工的家长里短,更重要的是关心员工的前途和未来,包括员工的薪水和股票,也包括员工的学习机会、得到认可的机会和得到发展的机会。

只有这样,"功夫在诗外",才能赢得员工的心,赢得优秀人才的心。在需要这些"资源"时,才能得心应手。

15. 唯才是用，才能战无不胜

如何将企业治理好，一直是管理者的一个研究课题。有的研究有术，也就治理有方；有的研究无得，也就治理失败。要治理好企业，必须网罗人才，古代燕昭王黄金台招贤，便是最著名的例子。

《战国策·燕策一》记载：燕国国君燕昭王一心想招揽人才，而更多的人认为燕昭王仅仅是叶公好龙，不是真的求贤若渴。于是，燕昭王始终寻觅不到治国安邦的英才，整天闷闷不乐。

后来有个智者郭隗给燕昭王讲述了一个故事。有一国君愿意出千两黄金去购买千里马，然而时间过去了三年，始终没有买到。又过去了三个月，好不容易发现了一匹千里马，当国君派手下带着大量黄金去购买千里马的时候，马已经死了。可被派出去买马的人却用五百两黄金买来一匹死了的千里马。国君生气地说："我要的是活马，你怎么花这么多钱弄一匹死马来呢？"

国君的手下说："您舍得花五百两黄金买死马，更何况活马呢？我们这一举动必然会引来天下人为您提供活马。"果然，没过几天，就有人送来了三匹千里马。

郭隗又说："您要招揽人才，首先要从招纳我郭隗开始，像我郭隗这种才疏学浅的人都能被国君采用，那些比我本事更强的人，必然会闻风千里迢迢赶来。"

燕昭王采纳了郭隗的建议，拜郭隗为师，为他建造了宫殿，后来没多久就引发了"士争凑燕"的局面。投奔而来的有军事家乐毅，阴阳家邹衍，还有游说家剧辛等。落后的燕国一下子便人才济济了。从此以后一个内忧外患、满目疮痍的弱国，逐渐成为一个富裕兴旺的强国。接着，燕昭王又兴兵报仇，将齐国打得只剩下两个小城。

管理之道，唯在用人。人才是事业的根本。杰出的领导者应善于识别和运用人才。只有做到唯贤是举，唯才是用，才能在激烈的社会竞争中战无不胜。

"千军易得，一将难求"，现实生活中，也许我们不可能像燕昭王一样筑"黄金台"，但是，我们难道不可以借用报刊一角，筑起"招贤台"，招聘贤才么？人才就是效率，人才就是财富。得人才者得天下，失人才者失天下。

16. 用人要用得恰到好处

管理者的任务简单地说，就是找到合适的人，摆在合适的地方，做合适的事情，然后鼓励他们用自己的创意完成手上的工作。

一位经济界的重要人物在面临一次十分重要的谈判时，曾选过一位秘书。当他选该人当秘书时，全场哗然，因为这个人根本不适

合当秘书。在众人眼中，秘书都是勤勤恳恳、少言少语的，讲话很少，做事谨慎，对领导体贴入微。但是这位秘书，处事完全不一样。他是一个大大咧咧地的人，从来不会照顾人。每次领导和他出国，都是领导走到他房间里说，请你起来，到点了。对于日程安排，他有时甚至不如领导清楚，原本9：00的活动，他却说9：30，经过核查，十有八九他是错的。但为什么领导会选他当秘书呢？因为领导是在其谈判最困难的时候选他当秘书的。当时由于谈判的压力大，领导的脾气也很大，有时候和外国人拍桌子，回来以后一句话也不说。每次领导回到房间后，其他人都不愿自讨没趣到他房间里来。唯有那位秘书，每次不敲门就大大咧咧地走进来，坐到领导的房间就翘起二郎腿，说他今天听到什么了，还说领导某句话讲得不一定对等等。他还经常出一些馊主意，被领导骂得一塌糊涂，但他最大的优点就是禁骂。无论怎么骂，他5分钟以后又回来了，哎呀，你刚才那个说法不太对。

这位秘书是个学者型的人物，他对很多事情不敏感，人家对他的批评他也不敏感，但是他是专家，他对专业问题简直像着迷一样，所以在领导脾气非常暴躁的情况下，在领导当时难以听到不同声音的情况下，有那位禁骂的秘书对领导就显得分外重要了。

谈判成功以后，领导的脾气好多了，稀里糊涂的秘书已不再适合他的要求，于是领导很快把他调到适合他的岗位了。

这里，读者可不要误解领导是个过河拆桥之人。因为一个人在某个特定的历史背景、某个特定的历史时期，他做某件事情适合，但是换一个时间，他可能就不适合了。

诚然，领导是一位卓越的领导，因为他非常清楚什么时候什么人最适合什么工作，什么时候该用什么人，什么时候不该用什么人，这一点，是常人所无法望其项背的。

17. 用人得当，事半功倍

用人之道，最重要的是要善于发现、发掘、发挥属下的一技之长。用人不当事倍功半；用人得当，事半功倍。

《淮南子·道应训》记载，楚将子发爱结交有一技之长的人，并把他们招揽到麾下。有个人其貌不扬，号称"神偷"的人，也被子发待为上宾。有一次，齐国进犯楚国，子发率军迎敌。交战三次，楚军三次败北。子发旗下不乏智谋之士、勇悍之将，但在强大的齐军面前，简直无计可施了。

这时"神偷"请战。他在夜幕的掩护下，将齐军主帅的睡帐偷了回来。第二天，子发派使者将睡帐送还给齐军主帅，并对他说："我们出去打柴的士兵捡到您的帷帐，特地赶来奉还。"当天晚上，"神偷"又去将齐军主帅的枕头偷来，再由子发派人送还。第三天晚上，"神偷"连齐军主帅头上的发簪子都偷来了，子发照样派人送还。齐军上下听说此事，甚为恐惧，主帅惊骇地对幕僚们说："如果再不撤退，恐怕子发要派人来取我的人头了。"于是，齐军不战而退。

一个团队总是需要各式各样的人才。人不可能每一方面都出色,但也不可能每一方面都差劲,缺点再多的人也总有一些方面较他人有一技之长吧?一个成功的领导人不在于他自己能做多少事情,而在于他能很清楚地了解每个下属的优缺点,在适当的时候派"逊色"的员工去做他们适合的事情,这样往往会取得出人意料的效果。

同样,作为一个领导者,要有容人之量,也许说是容人之智更恰当,工作就是工作,千万不能夹杂自己的个人喜好。也许你今天看不起的某个人,他日正是你事业转机的得力之臣。用兵无固定方式,如水无固定流向,能依敌情变化而取胜的,就是用兵如神了。

18. 用人当用其所长

一个人要发挥其专长,就必须适合社会环境需要。如果脱离社会环境的需要,其专长也就失去了价值。因此,我们要根据社会的需要,决定自己的行动,更好地去发挥自己的专长。

在一次宴会上,唐太宗对王珪说:"你善于鉴别人才,尤其善于评论人才。你不妨从房玄龄等人开始,都一一作些评论,评一下他们的优缺点,同时和他们互相比较一下,看看你在哪些方面比他们优秀?"

第五章
管理怎能不用人——领导的学问就是用人的学问

王珪回答说:"孜孜不倦地办公,一心为国操劳,凡所知道的事没有不尽心尽力去做,在这方面我比不上房玄龄。常常留心于向皇上直言建议,认为皇上能力德行比不上尧舜很丢面子,这方面我比不上魏徵。文武全才,既可以在外带兵打仗做将军,又可以进入朝廷搞管理担任宰相,在这方面,我比不上李靖。向皇上报告国家公务,详细明了,宣布皇上的命令或者转达下属官员的汇报,能坚持做到公平公正,在这方面我不如温彦博。处理繁重的事务,解决难题,办事井井有条,这方面我也比不上戴胄。至于批评贪官污吏,表扬清正廉署,嫉恶如仇,好善喜乐,这方面比起其他几位能人来说,我也有一己之长。"唐太宗非常赞同他的话,而大臣们也认为王珪完全道出了他们的心声,都说这些评论是正确的。

从王珪的评论可以看出,在唐太宗的团队中,每个人各有所长,但更重要的是唐太宗能将这些人依其专长运用到最适当的职位,使其能够发挥自己所长,进而让整个国家繁荣强盛。企业的发展需要有一个强有力的团队。对这个团队的每个成员,我们不要求他们人人都是全才,但要各有所长。而作为企业的领导者,必须学会如何组织团队,如何掌握及管理团队,尽可能发挥每个成员的专长。因此,领导者应以每个员工的专长为思考点,给他们安排适当的位置,并依照员工的优缺点和岗位适应情况进行及时调整,让团队发挥最大的合力。用好人是领导者首要的任务。

19. 没有教训与没有经验一样

领导的任务有两个,其一是领导团队完成当前任务,其二是教育队员完成未来不确定的任务。如果不能培养或训练下属,两个任务完成的可能性都会大打折扣。

有个渔人有着一流的捕鱼技术,被人们尊称为"渔王"。然而"渔王"年老的时候非常苦恼,因为他的三个儿子的渔技都很平庸。

于是他经常向人诉说心中的苦恼:"我真不明白,我捕鱼的技术这么好,我的儿子们为什么这么差?我从他们懂事起就传授捕鱼技术给他们,从最基本的东西教起,告诉他们怎样织网最容易捕捉到鱼,怎样划船最不会惊动鱼,怎样下网最容易请鱼入瓮。他们长大了,我又教他们怎样识潮汐,辨鱼汛……凡是我长年辛辛苦苦总结出来的经验,我都毫无保留地传授给了他们,可他们的捕鱼技术竟然赶不上技术比我差的渔民的儿子!"

一位路人听了他的诉说后,问:"你一直手把手地教他们吗?"

"是的,为了让他们得到一流的捕鱼技术,我教得很仔细很耐心。"

"他们一直跟随着你吗?"

"是的,为了让他们少走弯路,我一直让他们跟着我学。"

路人说:"这样说来,你的错误就很明显了。你只传授给了他们技术，却没传授给他们教训，更没有叫他们自己单独自己去捕鱼。对于才能来说，没有教训与没有经验一样，都不能使人成大器！"

我们回过头来看领导角色的定位，领导角色的定位实际上是一个很关键的问题。一个领导成不成功，要看他培养了多少人才，要看他培养了多少和自己一样优秀的人才。要看他培养了多少比自己更优秀的人才，渔王作为总工程师，他是优秀的，但作为领导，他却彻底失败了。

20. 因才定位，才当其位

为了合理地使用人才，有人提出了"能级原则"，就是按照人们才能的不同层次，实行定位、定级管理的原则。根据能级原则，开辟多种引进人才的通道，并在这些不同的通道上设不同的台阶。同时，按照不同行业的不同台阶，授予不同的职权荣誉，给予不同的利益。使人们的职、权、利基本上与其能效、能级相吻合。使其谋其政、尽其责、得其利，充分发挥才能。如果不分能级，一律对待，势必形成绝对平均主义，不是小才大用，就是大才小用，甚至正才歪用，造成人才资源的浪费。

从前，有一个国家，连一匹战马都没有。

该国的国王非常忧虑，脑海中幻想着邻国强大的兵马有一天攻

打到本国的时候,将无法应付,于是他下决心,重金四处购买骏马!

不久,买来了五百匹高大的骏马,国王见了,心中非常欢喜,下令叫人加以训练。

当五百匹马被训练得能够冲锋陷阵的时候,邻国对他的态度改变了。建立邦交,互派使节,表现得非常和气。国王以为高枕无忧了。

这样和平的日子过了几年之后,国王看到五百匹马的经费负担颇为巨大,心中又忧虑起来。

忽然,他灵机一动,欢喜雀跃地说道:"何不让这些马从事生产呢?这样不就能增加国家财政的收入了吗?"

于是,他下令将这五百匹马牵到磨房去磨米。

工人们用布把马的眼睛紧紧蒙住,又用鞭子抽打,逼着它们拉着石磨旋转。起初,这些骏马非常不习惯,横竖乱窜,工人们也感到吃力,但时间一久,五百匹马对拉磨渐渐习惯了。

国王一见,更加高兴,他快乐地笑道:"哈哈!这些马既能保国,又能生产,一举两得!"

不久,邻国突然进兵侵入他的国境,他立即下令调用那五百匹战马,准备应战。国王领着五百骑兵,浩浩荡荡地向战场出发,一路上,国王骄傲地想着:"大胆的敌人啊!我有这么多强壮的兵马,难道会畏惧你们的侵略!你们也不睁开眼看看我那肥硕的马,你们简直是来找死的,让我们的军队,杀得你们片甲不留!"到了战场,两军交锋,展开激烈的战斗。国王的五百匹马虽然很壮硕,但平常都习惯了旋转拉磨,此时和敌军交战,却不断地旋转着,根本不会

第五章
管理怎能不用人——领导的学问就是用人的学问

冲锋陷阵；骑在马上的兵将一着急，提鞭用力地抽打着，抽打越快，马旋转得也越快。敌军见状大喜，遂驱军直入，横杀直刺，把那国王的兵马杀得落花流水，全军覆没。

战马不是用来磨米的，磨米的马也不能用来打仗。一个企业犹如一盘棋局，每个员工犹如棋盘上的棋子，怎么合理摆布这些棋子，就是领导者用人艺术的展现。

因此，领导者要树立"适才适所，用当其位"的人才观，所谓"适才适所"，就是指把人才安排到最能发挥他才能的适合的工作岗位上去，实现人与事的最佳配合。但每个人的个性差异很大，因此，要想使每个人都能发挥其积极作用，就必须遵循适才适所的用人原则。首先，用才必须发挥其专长，即把有技术专长的人才放在技术岗位上；把有组织才能的人才放到管理岗位上；把善于应变又有经商才能的人才放到销售岗位上；把技术熟练但文化程度低的人放到生产第一线上。做到用人所长、用人所愿、专才专用、偏才偏用、大才大用、小才小用，实现人尽其才，才尽其用。其次，用才不可忽视其气质和兴趣，在安排人才的工作岗位时，不仅要考虑人才的专长，而且还要考虑他们的气质类型和兴趣特征，尽可能地安排他们到最适合的工作岗位上去。

21. 将员工合理搭配

团队的力量来自于成员的协作与配合，成员之间存在着很强的技能互补和优势互补，进行团队建设并不是要求入选团队的所有成员都是精英。正如医院的手术小组，如果所有的组员都是优秀的手术专家，那么在某些具体的操作环节上，可能会出现没有人在适当的时间按适当的要求去履行具体职责的情况，手术就难以保证成功。事实上，一个汇聚了大量精英的团队往往都不是一流的团队，精英的强烈个性和对实现团队目标次要环节的轻视完全可能使团队成为一盘散沙，这就是"阿波罗现象"。精英的特点就是都有自己的主见并且能够坚韧不拔地坚持自己的观点，精英团队中某个人观点中的缺陷就可能成为团队内部的众矢之的。成员之间相互不认同、不信任、甚至彼此攻击，于是，分歧和误会就像病毒一样在团队内部繁衍、扩散，最终导致团队的解体。

很久以前，有五个学者来到宫廷里。这五个学者分别是逻辑学家、语法学家、音乐家、占星家和物理学家。他们都表示自己在某一方面很有专长。在聪明的宰相的建议下，国王让五个人先去自己做饭吃，然后再来接受奖赏。宰相安排他们住在一间宽敞的房子里，并准备好了必要的用具，他还派一些人暗中观察他们的行动。

为了做饭，五个学者做了分工。逻辑学家去市场上买酥油。他

第五章
管理怎能不用人——领导的学问就是用人的学问

回来的时候手里提着一罐子酥油，他的逻辑学知识使他动起了脑筋，他自问道：究竟是罐子依赖酥油呢，还是酥油依赖罐子？他反复考虑仍然解释不了这个问题。他想最好试验一下，以便弄清这个真理。于是，他把罐子口朝下，翻了一个个儿，结果油都洒在地上了，逻辑学家这才弄清了谁依靠谁的问题。他感到很高兴，因为他又发现了一个新的真理，他愉快地拿着空罐子回到了住处。

语法学家去买酸奶。在大街上，他遇到一个卖酸奶的姑娘。他听她说话不合语法，就堵着耳朵走开了。当他往前走时，听到另一个姑娘在叫卖酸奶，她的话发音也不对，于是语法学家走到姑娘旁边说："看来你是个野姑娘，每一个词和每一个字就像神一样神圣，发音不对就等于糟蹋了它，这是亵渎圣物。"语法学家是不能容忍把短元音发成长元音，把非送气音发成送气音，把一个字母的音发成另一个字母的音的，"这会造成误解。你要认真学习发音，要发正确。"

姑娘听了这番教训和责备很不高兴，她回敬说："你是哪儿来的？你好像是一个野人，你有什么资格让我好好学习说话。你应首先管好自己的舌头。如果你想买酸奶的话，就买，不然，就闭上你的嘴，滚开吧！你为什么在这儿浪费时间？"听了这顿数落，语法学家火了，说："如果我从像你这样说话不符合语法的人手里买酸奶，我也会因而招致罪恶。"他说完就走了，因而没有买成酸奶。

占星家来到附近的森林中寻找树叶，准备烧饭用。他爬到一棵榕树上去揪树叶。他正要揪的时候，听到变色龙咕噜咕噜地叫起来。占星家自言自语说："这个叫声很不吉利，今天我不应揪树叶，最好

还是下去吧。"当他试图下来时,地上有只蜥蜴叫了起来。他想,这个声音是个吉兆。当他左思右想该怎么办时,天已经快黑了,他只好回到住处,而没有采回树叶。

物理学家去到市场上买菜。他看到那里有各种各样的菜。但是他想,茄子吃了使人发热,葫芦吃了使人发冷,根茎菜常引起痛风症……他发现每种菜都有缺点,他回到住处,什么菜也没有买。

当四个学者出去采购时,音乐家开始做饭了。他把开水倒在锅里,再加上米,盖上锅盖。当他把炉子点着时,蒸汽噗噗地冒出来,把锅盖顶得啪啦啪啦直响,听到这种声音,音乐家的灵感来了。他随着锅盖震动节奏,谱起曲子来。过了一会儿,粥锅开了,它发出的声音是很不协调的,于是音乐家找来一根粗棍子,使劲地敲起锅来,结果锅被打碎了,煮的稀饭洒了一地。虽然如此,他仍然很高兴,因为那不协调的声音消失了,当然,稀饭也没有了。

到了晚上,五个学者聚到一起,互相指责起来,都说所以没有做好饭,是别人的错误。

国王通过暗中监视他们的人,知道了这一切情况。他很同情五个学者。他把他们叫到宫廷来,说道:"先生们,仅仅做个书呆子是没用的,必须懂得生活常识,做各种事情都要符合常识。"他讲完之后,送给了五个学者应有的奖品。

寓言中的五个学者太抠书本理论,可以说是书呆子,从各自掌握的理论来说,他们都是优秀的,但他们在一起干事情却一点也没有高效。

团队建设的目的是为了实现 1 + 1 > 2 即"整体大于个体之和",

团队的核心在于协同合作，提高团队的整体绩效。故事中的五个学者从各自的专业来讲都是精英，诚然，精英的地位不可低估，他们的人格魅力和职业技能对团队能起到传、帮、带的作用，他们是团队文化理念的创立者、支持者和强力拥护者。但一个团队中不需要也不可能个个都是精英。如果个个都是精英，他们会相互比拼，相互拆台；在员工奖励和提拔上也难以公正；造成人心浮动，不利于团队的建设。

22. 帮助别人，成全自己

我们在人生的大道上，在日常生活中，肯定会遇到许许多多的困难。在学习中，遇到难题；在陌生的行业里，迷失方向；在作抉择时，感到犹豫……这时我们都需要别人的帮助，要是我们平时不喜欢帮助别人，那么，在自己遇到困难时，可能就找不到朋友帮助了。

正所谓，你想要别人怎么对你，你先得怎么对别人。

在一场激烈的战斗中，一名上尉忽然发现一架敌机向阵地俯冲下来。照常理，发现敌机俯冲时要毫不犹豫地卧倒。可上尉并没有立刻卧倒，他发现离他四五米远处有一个小战士还站在哪儿。他顾不上多想，一个鱼跃飞身将小战士紧紧地压在了身下。此时一声巨响，飞溅起来的泥土纷纷落在他们的身上。上尉拍拍身上的尘土，

回头一看，顿时惊呆了：刚才自己所处的那个位置被炸成了一个大坑。

古时候，有两个兄弟各自带着一只行李箱出远门。一路上，重重的行李箱将兄弟俩都压得喘不过气来。他们只好左手累了换右手，右手累了又换左手。忽然，大哥停了下来，在路边买了一根扁担，将两个行李箱一前一后挂在扁担上。他挑起两个箱子上路，反倒觉得轻松了很多。

把这两个故事联系在一起也许有些牵强，但他们确实有着惊人的相似之处：故事中的小战士和弟弟是幸运的，但更加幸运的是故事中的上尉和大哥，因为他们在帮助别人的同时也帮助了自己！在前进的道路上，搬开别人脚下的绊脚石，有时恰恰是为自己铺路！

第六章

管理是一门艺术
——要讲究领导艺术的方式方法

同样一个问题,以不同的方式方法去解决,结果会迥然不同。在管理实践中,问题千奇百怪,这就要求领导者以灵活的方法,谈笑间使之化解于无形,这就是领导的艺术。

1. 避免与员工发生矛盾

从对方的角度出发考虑问题,就能找到解决问题的最佳办法。当遇到使自己生气的事情时,温和的说服和讲究技巧的处理方式往往比粗暴的力量来得有效。记住,愤怒的后果远比它的原因更令人担心。

一个退休老人在乡间买下一座宅院,打算安养余年。最初一段时间很安静,然后有三个年轻人开始在附近踢所有的垃圾桶。

这个老人受不了他们发出的声音,出去跟他们谈判。

"你们几个年轻人玩得很开心。"他温和地说,"我喜欢看你们像这样表达欢乐之情。我年轻的时候也常常做这样的事,能不能帮我一个忙?如果你们每天过来踢垃圾桶,我给你们一块钱。"

这三个年轻人很高兴,他们使劲地踢所有的垃圾桶。

隔几天,这个老人带着愁容去找他们。"通货膨胀减少了我的收入,"他说,"从现在起,我只能付给你们每人五毛钱了。"

这虽然使制造噪音的人不大开心,但还是接受了老人的钱,每天下午继续踢垃圾桶。

一个礼拜后,老人再去找他们。"瞧,"他说,"我最近没收到养老金支票,所以,每天只能给你们两角五分,成吗?"

"只有区区两角五分?"一个年轻人大叫,"你以为我们会为了区区两角五分浪费我们的时间在这里踢垃圾桶？不成，我们不干了！"

从此以后，这个老人就过着安静愉快的日子。

在管理者设法化解与员工的矛盾时，管理者可以问以下几个问题："你和员工的冲突到底是什么？""为什么会产生这种冲突？""为解决这个冲突，我要克服哪些障碍？""有什么方法可以解决这一冲突？"当你找到了解决冲突的方法时，还要检测这是否是有效的方法。另外，你还应当预见到按这种方法去做时会出现什么结果，以做到心中有数，不至于到时不知所措。当然，如果你感到问题很复杂时，可以找个专家咨询一下，或找个朋友谈一谈情况，请他们为你出主意。

一位管理者既要学习管理技巧，也要注意培养自己的领导素质，增强自身的人格魅力，让员工自愿与你积极合作，共谋大事。有些稍有缺陷的领导者应当注意如何增强自身的素质，避免可能出现的与员工的一切矛盾，以便达到最佳的合作状态。

2. 调整心态去适应环境

"山不过来，我们就过去吧！"这个经验之谈可以化解人们工作上的许多难题。我们无法调整环境来适应自己的生活，但我们可以调整心态去适应环境。

一位先知带着他的40个门徒在山谷里讲道。他说,"信心"是成就任何事物的关键,也就是说,人有信心便没有不能成功的计划。

一位门徒对他说:"您有信心,您能让那座山过来,让我们站在山顶上吗?"

先知对他的门徒满怀信心地把头一点,对山大喊一声:"山,你过来!"山谷里响起了他的回声,回声终于消失,山谷又归于宁静。

大家都聚精会神地望着那座山,先知说:"山不过来,我们过去吧!"

他们开始爬山,经过一番努力,终于到了山顶。

一个顶尖的推销员,他最优秀的素质是要有强烈的成交欲望;一个运动员,最优秀的品质是"永争第一"的欲望。一位世界著名的足球教练曾说:一个优秀足球前锋最珍贵的素质是强烈的射门意识;英国著名作家杰克·伦敦有一篇短篇小说《热爱生命》,它之所以脍炙人口,深入人心,就是因为主人公表现出了人类心灵深处那种强烈的求生欲望。

人人都想自己比别人强点,但是大部分人都是希望自己成功,而不是一定要成功。他们对成功的企图心不是那么强烈。这种人一旦遇到困难,要付出代价时,就会退而求其次,或者干脆放弃。

所以,在管理中,光有欲望是不行的,应有切实的行动与措施。

3. 机会总是青睐有准备的人

成功的领导者明白，什么事情都要自己主动争取，并且要为自己的行为做充分的准备。没有人能保证你成功，只有你自己；也没有人能阻挠你成功，只有你自己。机会总是青睐有准备的人。

1927年，美国飞行家林白首次单独不着陆横越了大西洋。

起飞前他度过了一个不眠之夜。他从纽约长岛驾驶着一架单引擎飞机起飞了，这架飞机里挤满了汽油桶，几乎没有他坐的地方，汽油的重量使得飞机负担太重，在从纽约飞往巴黎的途中，想空降那是不可能的。

一路上大雾遮住了他的视线，当时没有无线电让他同地面保持联系，他拥有的只是一个指南针。好几次他都睡着了，醒来时才发现飞机只有几米距离就触海了。通过计算，他在起飞33个小时后就横越了大西洋，在巴黎机场安全降落了。人们欢声雷动，这种热情的场面实属空前盛况。

为了这次飞行，林白作了为期几年的准备工作，训练自己，准备自己的飞机"圣路易精神号"。他从威斯康星大学退学出来学习飞行，加入了飞行训练队；他得到空军批准，可以在闲余时间进行飞行；他作为美国航空邮政飞行员在白天黑夜、晴天雨天都飞行，行程多达几万英里；他曾遇过险情，飞机被迫降在农田里；他学会修

理飞机引擎并懂得每个零件的工作原理。

林白的成功不是因为他走运,而是因为在冒险之前,他就准备了自己,准备了飞机,而且尽了最大努力。在工作中要完成任务,准备工作也绝对是必不可少的。

我们经常会发现,那些一夜成名的人在功成名就之前,其实早已默默无闻地努力了很长一段时间。成功是一种努力的累积,不论何种行业,要想攀上顶峰,通常都需要漫长时间的努力和精心的规划。

许多公司都努力把自己的员工培养成对待工作积极主动的人。工作积极主动的员工,会勇于负责,有独立思考的能力。他们不会像机器一样,别人吩咐做什么他就做什么。他们往往会发挥创意,出色地完成任务,而不能积极主动工作的员工,则墨守成规、害怕犯错误,凡事只求忠诚于公司的规则。他们会告诉自己,老板没有让我做的事我又何必插手呢?又没有额外的奖励!这两种不同的想法会明显地导致不同的工作表现。

4. 要解决问题,须抓住本质

每个人都有一双眼睛,但我们每个人眼睛里的世界却各不相同。许多问题,复杂的不是问题本身,而是我们看问题的眼睛。

英国一家报纸举办一项高额奖金的有奖征答活动。题目是:在一个

第六章
管理是一门艺术——要讲究领导艺术的方式方法

充气不足的热气球上，载着三位关系人类兴亡的科学家，热气球即将坠毁，必须丢出一个人以减轻载重。三个人中，一位是环保专家，他的研究可拯救无数生命因环境污染而身陷死亡的厄运；一位是原子专家，他有能力防止全球性的原子战争，使地球免遭毁灭；另一位是粮食专家，他能够使不毛之地长出谷物，让数以亿计的人们脱离饥饿。

奖金丰厚，应答信件众说不一。巨额奖金的得主却是一个小男孩，小男孩的答案是——把最胖的科学家丢出去。

要解决问题，须先抓住问题的本质，不要被"弯弯绕"给绕进去。

有一个秘书，领导让他看一篇报告写得如何。他看过后来汇报，说："我认为写得还不错。"领导摇了摇头。秘书赶快说："不过，也有一些问题。"领导又摇摇头。秘书说："问题也不算大。"领导又摇摇头。秘书说："这些问题改改就会更好了。"领导还是摇头。秘书说："我建议退回这个报告。"这时领导说了："我这件新衬衣真不舒服。"不要因为别人的想法而舍弃了自己的坚持，说不定你的建议是对的。

5. 做好计划，用好时间

当你做事情手忙脚乱时，就要好好找一下原因，通常都是由于你没有把事情的顺序安排好。对于工作中林林总总的事情可以按重要性和紧急性的不同组合确定处理的先后顺序，先集中时间做大事情，剩余的时间再处理小事杂事，这样按照事情的轻重缓急安排好，再进行全面的时间管理，就不会出现忙乱的状况了，可以说这是领导者应学会的基本工作和领导方法。

在一次关于时间管理的课上，教授先在桌子上放了一个罐子，然后又从桌子下面拿出一些正好可以从罐口放进罐子里的鹅卵石。教授把石块放完后问他的学生："你们说这罐子是不是满的？"

"是！"所有的学生异口同声地回答。"真的吗？"教授笑着问。然后再从桌底下拿出一袋碎石子，把碎石子从罐口倒下去，摇一摇，再加一些，再问学生："你们说，这罐子现在是不是满的？"这回他的学生不敢回答得太快。最后班上有位学生怯生生地细声回答道："也许没满。"

"很好！"教授说完后，又拿出一袋沙子，慢慢地倒进罐子里。倒完后，再问班上的学生："现在你们再告诉我，这个罐子是满的呢，还是没满？"

"没有满。"全班同学这下学乖了，大家很有信心地回答。"好极了！"教授再一次称赞这些"孺子可教"的学生们。称赞完之后，教授从桌底下拿出一大瓶水，把水倒在看起来已经被鹅卵石、小碎石、沙子填满了的罐子里。当这些事都做完之后，教授正色地问他班上的同学："我们从上面这些事情得到什么重要的结论？"

班上一阵沉默，然后一位自以为聪明的学生回答说："无论我们的工作多忙，行程排得多满，如果要挤一下的话，还是可以多做些事的。"这位学生回答完后心中很得意地想："这堂课到底讲的是时间管理啊!"教授听到这样的回答后,点了点头,微笑着说:"答得不错,但这并不是我要告诉你们的重要知识。"说到这里,这位教授故意顿住,用眼睛向全班同学扫了一遍说:"我想告诉各位,最重要的知识是,如果你不先将大的'鹅卵石'放进罐子里去,也许以后你永远没机会把它们再放进去了。"

"我做的每一件事都经过精心计划,否则我不可能完成任何事。"一位成功的企业家成功地运用了这种技巧和方法而攀上事业的顶峰。其中很重要的一门技巧就是,充分利用时间。当坎贝尔说到"精心计划每件事时",在他的观念里,"计划"就包括将他的活动排定优先次序,懂得分层负责,同时最重要的是,以一种最有效率的态度聪明地管理时间。

6. 利用一切可以利用的资源

面对困难,抱着顽强、执著的态度和信念没有错,但并非是机械地抱着顽强和执著。尺有所短,寸有所长,当遇到自己能力所办不到的事时,何不抛弃一点点过多的固执,去借用他人、团体的力量呢?你解决不了的问题,对别人来说或许就是轻而易举的。记住,他们也是你的资源和力量。

关系就是力量,要想成功地解决问题,就要动用一切可以动用的关系。

别让管理再蒙人

星期六上午,一个小男孩在他的玩具沙箱里玩耍。沙箱里有他的一些玩具小汽车、敞篷货车、塑料水桶和一把亮闪闪的塑料铲子。在松软的沙堆上修筑公路和隧道时,他在沙箱的中部发现一块巨大的岩石。

小家伙开始挖掘岩石周围的沙子,企图把它从泥沙中弄出去。他是个很小的小男孩,而岩石却相当巨大。手脚并用,似乎没有费太大的力气,岩石便被他连推带滚地弄到了沙箱的边缘。不过,这时他才发现,他无法把岩石向上滚动,翻过沙箱边墙。

小男孩下定决心,手推、肩挤、左摇右晃,一次又一次地向岩石发起冲击,可是,每当他刚刚觉得取得了一些进展的时候,岩石便滑脱了,重新掉进沙箱。

小男孩急得哼哼直叫,使出吃奶的力气猛推猛挤。但是,他得到的唯一回报便是岩石再次滚落回来,砸伤了他的手指。

最后,他伤心地哭了起来。这整个过程,男孩的父亲从起居室的窗户里看得一清二楚。当泪珠滚过孩子的面颊时,父亲来到了他跟前。

父亲的话温和而坚定:"儿子,你为什么不用上所有的力量呢?"

垂头丧气的小男孩抽泣道:"但是我已经用尽全力了,爸爸,我已经尽力了!我用尽了我所有的力量!"

"不对,儿子,"父亲亲切地纠正道,"你并没有用尽你所有的力量。你没有请求我的帮助。"

父亲弯下腰,抱起岩石,将岩石搬出了沙箱。

台风扫过热带地区时,竹类植物能逃脱厄运不受损伤。因为竹子会弯曲下来。一旦风暴吹过,竹子会在瞬间弹回原位。

竹子为面对抵制如何正确反应提供了极好的参考例子。先是弯曲以示注意到了对方的反应,然后恢复原样,重述你的要求。

这种方法非常有效,因为它使抵制泄了劲,而你的要求却保留下来且毫无变化。

7. 领导者自信,才能赢得信任

若一个人的信念系统出了问题,那么他95%以上的行为会跟着出问题。行为如此,结果可想而知。

某人在屋檐下躲雨,看见观音正撑伞走过。这人说:"观音菩萨,普渡一下众生吧,带我一段如何?"

观音说:"我在雨里,你在檐下,而檐下无雨,你不需要我渡。"这人立刻跳出檐下,站在雨中:"现在我也在雨中了,该渡我了吧?"观音说:"你在雨中,我也在雨中,我不被淋,因为有伞;你被雨淋,因为无伞。所以不是我渡自己,而是伞渡我。你要想渡,不必找我,请自找伞去!"说完便走了。

第二天,这人遇到了难事,便去寺庙里求观音。走进庙里,才发现观音的像前也有一个人在拜,那个人长得和观音一模一样,丝毫不差。

这人问:"你是观音吗?"

那人答道:"我正是观音。"

这人又问:"那你为何还拜自己?"

观音笑道:"我也遇到了难事,但我知道,求人不如求己。"

在工作中,许多人都会说:我相信自己,我是最棒的!当我们在喊这些口号时,我们是否真的相信自己?我们会不会一出门或遇到一点困难就忘掉刚才所喊的那句话呢?只有自己真的相信,才能让别人相信你。

这就是观念与信念的不同点,观念与信念的差别是什么?

差别仅在于看法的牢固程度。即信念是指牢固的观念,或对事物习惯性的看法。观念之所以较弱,是因为观念随时都有可能因时因地而改变。按照行为科学的结论,人95%以上的行为都是按照习惯而行事,因此信念的力量之所以巨大是因为95%以上的行为是人按照自己大脑潜意识中的习惯看法,即信念的指挥而行事。

8. 不要将问题复杂化

过度思考会使你变成白痴。解决问题需要有一个好心态。不要被"纸老虎"所吓倒,把简单的事情想得过于复杂,只能是自寻烦恼。

一位著名的数学家到一所著名的大学给数学系学生上课。

数学家一站上讲台,什么话也没说。"刷刷"几笔,他先在黑板上写了"2+2=?"这样一个简单的算式,并问这群满怀虔诚心情来听课的学生:"谁能告诉我答案?"

这些演算过无数复杂算式的研究生们面面相觑,不知数学家有什么高明之举,大家你看我,我看你,不敢轻易回答。他们想,这一定是一个表面简单,实际深奥无比的算式。

这时候从角落里站出一个戴眼镜的学生,同学马上认出了,他就是全班最笨的阿呆。阿呆怯生生地回答:"2+2=4呀!"

"哈哈!"阿呆的回答引来满堂哄笑,因为这个答案是幼儿园小朋友也能回答的。

可数学家对阿呆的回答非常满意,他严肃地给学生们上了第一课:"幼儿园小朋友也能回答的问题,你们这些大学生却不敢回答,你们是被你们自己吓倒的呀!"

人们往往自以为是地把问题或事情想象得过于深奥和复杂,因而畏手畏脚,不敢前行,错过了许多机会。不要被自己吓倒,勇敢地面对问题,你会发现其实你离解决问题并不遥远。

9. 人心齐,泰山移

做事情之前先搞清楚到底要做什么,俗话说"人心齐,泰山移"。两个工人之所以无法移动一只箱子,是因为他们犯了南辕北辙的错误。在工作中,一定要与工作伙伴及时沟通,齐心协力,只有

这样才能高效完成任务。

门口，两个工人正在奋力地推拉着一个大木箱，他们又是拉又是推，直到精疲力竭，箱子却一点都不动弹。

最后，在外面的那个人说道：

"我们最好算了，我们决不可能把箱子搬进去。"

"你说什么？把箱子搬进去？"里面的人叫道，"我还以为我们正试图将它推出去呢！"

"共同愿景"是企业中每个成员所共同持有的"我们想要创造什么"的愿望。当这种共同愿景成为企业全体成员的一种执著的追求和内心的一种强烈信念时，它就成了企业凝聚力、原动力和创造力的源泉。

共同愿景唤起了企业的使命感，企业由此看到了自身在社会中的定位，看到了自身的历史责任，员工也感到他们隶属于一个优秀的团队。共同愿景能使员工极具敬业精神，自觉投入，乐于奉献。因为他们看到工作本身对于他们的意义非同以往，它不仅是谋生的手段，更是一种社会责任；他们在工作中充满激情和乐趣，也从中体会到了生存的意义。共同愿景能改变企业和员工的关系，所有的人会称公司为"我们的公司"，视彼此为实现共同愿景的伙伴，是生命的共同体。

10. 面对比躲避更能解决问题

面对比躲避更能解决问题，高明的管理者面对突如其来的困难时，总是不躲避，而是勇于迎难而上，所以往往能化危机为良机。

有一个牧牛的主人说过这样的一个故事，每年冬天突然来临的暴风雪都会造成牛群的暴毙，让牧场主人损失惨重。当冰寒冷冽的暴风雪横扫牧场时，咆哮不止的狂风将雪堆成巨大的雪块，温度急速下降，成群结队的牛只都会背对着风暴，步履蹒跚而缓缓地移向下风处，它们只会拥挤在一块，任凭风雪吹袭，结果导致大量死亡。然而，有一种叫做赫里福牛的，遇到狂风暴雪时，它们则是肩并肩、头并头地一起面对暴风雪的肆虐。出乎人们意料的是，它们的死亡几率反而大幅降低，损失也减到最小。

在困难面前能否有迎难而上的勇气取决于和困难拼搏的心理准备，也取决于依靠自己的力量克服困难的坚强决心。许多人在困境中之所以变得沮丧，是因为他们原先并没有与困难作战的心理准备，当进展受挫、陷入困境时便张皇失措，或怨天尤人，或到处求援，或借酒消愁。这些做法只能徒然瓦解自己的意志和毅力，客观上是在帮助困难打倒自己。他们既然不打算依靠自己的力量去克服困难，结果，一切可以征服困难的可行计划便都被停止执行，本来能够克服的困难也变得不可克服了。

真正坚强的管理者，不但在碰到困难时不害怕困难，而且在没有碰到困难时，还积极主动地寻找困难。这些人是具有更强的成就欲的人，是希望冒险的开拓者，他们更有希望获得成功。

11. 给员工创造成长的环境

物竞天择，适者生存。这一自然界的生存规律在某种程度上也适用于企业管理，特别适用于解决企业的人才问题。给员工创造一个能够尽快成长起来的环境，才能使之最终独立承担起自己的责任。

沙漠中的狐狸养了一窝小狐狸，小狐狸长到能独自捕食的时候，母狐狸就把它们统统赶了出去。小狐狸恋家，不走。母狐狸就又咬又追，毫不留情。小狐狸中有一只是瞎眼的，但是妈妈也没有给它特殊的照顾，照样把它赶得远远的。因为妈妈知道，没有谁能养它一辈子。小狐狸们从这一天起便长大了，那只瞎眼的小狐狸也终于学会了靠嗅觉来觅食的本领。

一个人一旦被委以重任，必定会产生责任感，想运用自己的主意和方法去达成目标。所以作为一个管理者，只要掌握全局，指引方向即可，至于细节问题，则让员工放手去干。这样不仅个人的智慧得以充分发挥，而且大家还能感到你对他的信任，从而同心协力地工作，成效也会更加显著。当然，如果管理者胸无成竹，只是一味地依赖他人，下属就会对管理者失去信心。领导者必须把握工作要点,而将完成计划的工作具体、细致地分配给手下各个部位的员工。这样,尽管付出的努力不多,却能获得好的成效。

12. 让下属在"享受"中工作

领导者要教会员工做一个真正懂得从工作经验中找寻乐趣的人,这样他就不会觉得自己的工作充满压力。

从前,在山中的庙里,有一个小和尚被要求去买食用油。在离开前,庙里的厨师交给他一个大碗,并严厉地警告:"你一定要小心,我们最近财务状况不是很理想,你绝对不可以把油洒出来。"

小和尚答应后就下山到城里,到厨师指定的店里买油。在上山回庙的路上,他想到厨师凶恶的表情及严厉的告诫,愈想愈觉得紧张。小和尚小心翼翼地端着装满油的大碗,一步一步地走在山路上,丝毫不敢左顾右盼。

很不幸的是,他在快到庙门口时,由于没有向前看路,结果踩到了一个坑上。虽然没有摔跤,可是却洒掉三分之一的油。小和尚非常懊恼,而且紧张得手都开始发抖,无法把碗端稳。当他回到庙里时,碗中的油就只剩一点点儿了。

厨师拿到装油的碗时,当然非常生气,他指着小和尚大骂:"你这个笨蛋!我不是说要你小心吗?为什么还是浪费这么多油?真是气死我了!"

小和尚听了很难过,开始掉眼泪。另外一位老和尚听到了,就跑来问是怎么一回事。了解以后,他就去安抚厨师的情绪,并私下对小和尚说:"我再派你去买一次油。这次我要你在回来的途中,多观察你看到的人和事物,并且需要向我报告。"

小和尚想要推卸这个任务,强调自己油都端不好,根本不可能既要端油,还要看风景、作报告。

不过在老和尚的坚持下,他只有勉强上路了。在回来的途中,小和尚发现山路上的风景真是美。远方看得到雄伟的山峰,近处又有农夫在梯田上耕种。走不久,又看到一群小孩子在路边的空地上玩得很开心,而且还有两位老先生在下棋。就在边走边看风景的情形下,小和尚不知不觉就回到庙里了。当小和尚把油交给厨师时,发现碗里的油装得满满的,一点都没有损失。

其实,我们想要比较快乐地完成工作任务,也可以采纳老和尚的建议:与其天天在乎自己的成绩和物质利益,不如每天努力享受工作的乐趣,在享受每一次经验的过程中,不断学习成长。而作为领导,就要学习那位老和尚的做法,让下属在"享受"中工作。

领导者要让员工相信,工作中能寻找到乐趣,正如一位名人所说的:"只要心里想快乐,绝大部分人都能如愿以偿。"一个员工每天都做着相同的工作——处理客户的来电、统计报表,因此而觉得生活单调无味到了极点。假如领导者想让他的工作变得有趣一点,就可以要求他把自己每天的工作量都记录下来,鞭策自己一天要比一天进步,第二天的工作要胜于前一天。一段时间后,他也许会发现自己的工作不再单调、枯燥,而是很有乐趣。

13. 越追求完美，越得不偿失

一心只想尽善尽美，最终常常两手空空。完美是相对的，为了寻求一片最完美的树叶，将会失去许许多多的机会。水至清则无鱼，人至察则无友。在工作上过于苛求，任何事情也不会有结果。

一位方丈想从两个徒弟中选一个做衣钵传人。

一天，方丈对徒弟说，你们出去给我拣一片最完美的树叶。两个徒弟遵命而去。

时间不久，大徒弟回来了，递给方丈一片并不漂亮的树叶，对师傅说，这片树叶虽然并不完美，但它是我看到的最完整的树叶。

二徒弟在外转了半天，最终空手而归，他对师傅说，我见到了很多很多的树叶，但怎么也挑不出一片最完美的……

最后，方丈把衣钵传给了大徒弟。

管理者皆期望着一个美丽且完美的事情，然世与愿违，你越追求完美，则越得不偿失。

当你面对挫折，力图挽回损失的时候，失去的就让它随风逝去，不必强求完璧归赵。只要努力使自己的损失降到最低就可以了，否则你有可能会失去更多更好的东西。"赔了夫人又折兵"，岂不是得不偿失？

14. 遇事与员工商量

杰克·韦尔奇就任美国通用电气公司执行总裁后曾作出一个规定，在生产一线，决定要由离事实最近的人做出。因为离事实最近的人才最了解事实真相，提出的忠告或解决办法才会最可行。这对所有领导都是一个有益的启示。

鹰王和鹰后从遥远的地方飞到远离人类的森林，它们打算在密林深处定居下来。于是就挑选了一棵又高又大、枝繁叶茂的橡树，在最高的一根树枝上开始筑巢，准备夏天在这儿孵养后代。

鼹鼠听到这些消息后，大着胆子向鹰王提出警告：

"这棵橡树可不是安全的住所，它的根几乎烂光了，随时都有倒掉的危险。你们最好不要在这儿筑巢。"

"嘿，这真是咄咄怪事！老鹰还需要鼹鼠来提醒？你们这些躲在洞穴里的家伙，难道能否认老鹰的眼睛是锐利的吗？鼹鼠是什么东西，竟然胆敢跑出来干涉本大王的事情？"

鹰王根本瞧不起鼹鼠的劝告，立刻动手筑巢，并且当天就把全家搬了进去。不久，鹰后孵出了一窝可爱的小家伙。

一天早晨，正当太阳升起来的时候，外出打猎的鹰王带着丰盛的早餐飞回家来，然而，那棵橡树已经倒掉了，它的鹰后和它的子女都已经摔死了。

第六章
管理是一门艺术——要讲究领导艺术的方式方法

看见眼前的情景,鹰王悲痛不已,它放声大哭道:

"我多么不幸啊!我把最好的忠告当成了耳旁风,所以,命运就对我给予这样严厉的惩罚。我从来不曾料到,一只鼹鼠的警告竟会是这样准确,真是怪事!真是怪事!"

谦恭的鼹鼠答道:

"你想一想,我就在地底下打洞,和树根十分接近,树根是好是坏,有谁会比我知道得更清楚的呢?"

在某些企业中,有人把提建议看做是给管理者带来污点。管理者想,也许有人会问:"你经理为什么就没有想到这个主意?"这种态度当然是完全错误的。应该鼓励每一个员工积极地提出改进工作的建议,而且必须使他们知道他们的建议将会得到认真的研究。一个好的建议、制度能促进全企业员工同心协力,它使职工对自己的工作发生兴趣,对自己的工作考虑得更多,并且总是设法去改进自己的工作。

遇事与员工商量大有好处。大多数员工的意见是值得听取的,可以提出些建议。与员工商量还可启发你自己的思路,要善于利用员工的智慧,不要认为天下只有你一个人才有主意。此外,如果你与员工商量办事,员工也会与你合作得更好。即使你胸有成竹,但对事关你员工的事情也不妨与他们商量一下。毋庸置疑地说,员工是不喜欢他们的经理包办一切的,他们也愿意参与管理,没有一个人愿意像木偶那样被摆布。如果你的雇员感到他们也参与了作决定,那么你可以确信他们会比强加给他们的决定更加热心地去执行。

15. 给员工一点宽容

在领导者手中，有时候"萝卜"比"大棒"有更大的管理效用。宽容就是一个硕大味美的"萝卜"。从个人角度来说，宽容是人类性情的空间，这个空间愈广大，自己的性情愈有转折的余地，就愈加不会动肝火、闹情绪，愈加不会纠缠于无谓的小事。

有一位老禅师，一天晚上在禅院里散步，发现墙角有一把椅子。禅师心想：这一定是有人不遵守寺规，越墙出去游玩了。老禅师便搬开椅子，蹲在原处观察。一会儿，果然有一个小和尚翻墙而入，在黑暗中踩着师父的脊背跑进了院子。

当他双脚落地的时候，才发觉刚才踏的不是椅子，而是自己的师傅，小和尚顿时惊慌失措。

但出乎意料的是，老和尚并没有厉声责备他，只是以平静的语调说："夜深太凉，快去多穿件衣服。"

小和尚感激涕零，回去后告诉其他的师兄弟。

从此以后，再也没有人夜里越墙出去闲逛了。

在管理上，领导者应该宽容那些略有瑕疵的员工，尤其要能容忍员工的短处，甚至"偏袒"员工的短处。其用意当然不是喜欢或者纵容员工的短处，而是另有所图。

在多数情况下，管理者图的是以下几个方面的好处：其一，为了更好地发挥和利用员工的长处；其二，赢得人心，进一步密切上下级的关系；其三，极大地提高自己在员工中的声誉，有意将自己塑造成宽厚、豁达的领导者的新形象；其四，为了实现某个既定的管理目标。因此，在权衡利弊，决定取舍时，管理者必须本着"得"大于"失"的行为准则来行事，只有当容短护短这一行为本身不超过某条临界线时，采取容短护短的方法，才是有价值的，可行的。

在不超越临界线的前提下，管理者在具体运用容短护短原则时，仍然面临着十分广阔的选择余地。这时候，作为一个精明的管理者，就应该充分利用手中执掌的选择权，灵活掌握容短护短的"度"，放手大胆地"袒护"自己的员工。

16. 改变命令的口吻，委婉表达意见

即使是管理者，也不能随便对下属发号施令，一副居高临下的态度只会挫伤员工的积极性。而换个口气，以建议性的方式婉转地表达自己的意见，则会使人感到被尊重，愿意与你合作。这不仅是语言的艺术，更是领导者素质的体现。

一位卓有成效的企业管理者有着极强的凝聚力，虽然他很少命令员工去做这做那，但他的员工始终兢兢业业地工作。有人请教其奥秘，他说：

"只要记住对任何人说话时，总是以建议的方式来表达就行了。

因为命令无效,请教事成。"

在管理中能让下属在管理者面前无拘束感,以一种轻松和谐的心理同领导进行交流,那么员工定会畅所欲言,把心中的所想所感全盘托出,因而更有利于相互的沟通,有利于管理者对员工的了解,从而能更合理地利用人才。有些过于紧张的员工在这样的气氛下,也能逐渐消除紧张和顾虑,思维就会活跃起来,先前没有考虑到的东西现在也能考虑到,就好像我们常说的"超常发挥"。这样,这位员工的潜力就可能最大限度地被挖掘出来。

17. 给员工"磨刀"的空间

在工作的道路上,不仅要知道努力,还要讲究方法,把动脑和勤奋结合起来,知道怎样努力才能取得最佳效果。把斧头磨快了,才能砍下更多的树。

有一个年轻的伐木工人第一天砍了10棵树,他的斧头锐利,而且身强力壮、精神奕奕。

第二天,他一样地努力工作,事实上,他觉得他比第一天工作更努力,但是只砍了8棵树。明天,他要早一点开始,所以他提早上床睡觉,到了第三天,他尽全力地工作,但是只砍了7棵树。

又过了一天,数目减少为5棵树。

到了第5天,他只能砍倒3棵树,而且在黄昏之前就觉得精疲力尽。

隔天早上,他正在费力砍树的时候,一个老人经过,问他:

"你为什么不停下来磨一磨斧头呢?"

他回答:

"没时间,我正忙着砍树。"

浪费时间,就是浪费生命,就是浪费金钱。故事的寓意不外乎是在提醒人们时间的重要性,要人们珍惜时间,不要白白浪费时间。浪费时间有两种表现形式:一是整天无所事事,虚度时光;二是做事情效率低下,不讲求方法,只一味蛮干。不浪费时间并不是要你把睡觉的时间都拿来工作,而是要求尽可能地把效率提高。时代的发展,使知识更新的速度越来越快,这要求员工必须用一些时间去学习,去充电,去掌握知识和方法。这样办起事来才能得心应手,提高效率。这也是节省时间的一种方法。而作为领导,也一定要给员工"磨刀"的时间和机会,更要有等待"磨刀"的耐心。

18. 尊重不是靠命令得来的

尊重不是靠命令可以得来的,管理人员和员工对于团队的信任气氛具有重大影响。因此,管理人员和员工之间首先要建立起信任关系,然后才是团队成员之间的相互尊重关系。

有位富翁十分有钱,但却得不到旁人的尊重,为此苦恼不已,

每日寻思如何才能得到众人的敬仰。

某日在街上散步时,他看到街边一个衣衫褴褛的乞丐,心想机会来了,便在乞丐的破碗中丢下一枚亮晶晶的金币。

谁知乞丐头也不抬地仍是忙着捉虱子,富翁不由地生起气来:

"你眼睛瞎了?没看到我给你的是金币吗?"

乞丐仍是不看他一眼,答道:

"给不给是你的事,不高兴可以拿回去。"

富翁大怒,意气用事起来,又丢了十个金币在乞丐的碗中,心想他这次一定会趴着向自己道谢。却不料乞丐仍是不理不睬。

富翁几乎要跳了起来:

"我给你十个金币,你看清楚,我是有钱人,好歹你也尊重我一下,道个谢你都不会。"

乞丐懒洋洋地回答:

"有钱是你的事,尊不尊重你则是我的事,这是强求不来的。"

富翁急了:

"那么,我将我的财产的一半送给你,能不能请你尊重我呢?"

乞丐翻着一双白眼看他:

"给我一半财产,那我不是和你一样有钱了吗?为什么要我尊重你。"

富翁更急起来道:

"好,我将所有的财产都给你,这下你愿意尊重我了吧?"

乞丐大笑:

"你将财产都给我,那你就成了乞丐,而我成了富翁,我凭什么

第六章
管理是一门艺术——要讲究领导艺术的方式方法

来尊重你。"

没有哪一位领导不希望赢得下属发自内心的尊重，因为这种尊重是对其领导能力和权威的认可。有了这种尊重，其管理工作将会顺风顺水。但是，尊重不是靠命令可以得来的。不管多高的职位，都只能靠做事、靠业绩来说话，否则，如果把职位比作那个富翁所拥有的财富，即使你把他送给别人，得到的还是乞丐那句话：我凭什么尊重你。

下面总结了可以用来获得尊重的方法：

①表明你既是在为自己的利益而工作，又是在为别人的利益而工作。

②成为团队的一员，用言语和行动来支持你的团队。

③开诚布公。人们所不知道的和人们所知道的都可能导致不信任，要及时进行担诚的沟通。

④公平。在进行决策或采取行动之前，先想想别人对决策或行动的客观性与公平性会有什么看法。

⑤说出你的感觉。那些只是向员工传达冷冰冰的事实的管理人员与团队领导，容易遭到员工的冷漠与疏远。

⑥表明指导你进行决策的基本价值观是一贯的。

⑦保密。如果别人告诉你一些秘密，他们必须确信你不会同别人谈论这些秘密，或者说，不泄露这些秘密。

⑧表现出你的才能。表现出你的技术和专业才能以及良好的商业意识，才能引起别人的仰慕和尊敬。

19. 破窗理论

如果你要建立执行力文化,就必须参与到公司的业务中去,你是否这么做将决定执行力文化转型的成败,这同时也是许多成功经理与不成功经理之间的主要区别。领导者必须亲力亲为,身体力行,对自己的工作全心投入。唯有如此,才能影响所有员工的行为方式朝着你所希望的方向转变。从而最终建立起良好的工作氛围,并将你的企业打造成一个执行力强的组织。

将两辆外形完全相同的汽车停放在相同的环境里,其中一辆车的引擎盖和车窗都是打开的,另一辆则封闭如常,原样保持不动。

打开的那辆车在3天之内就被人破坏得面目全非,而另一辆车则完好无损。这时候,实验人员在剩下的那辆车的窗户上打了一个洞,只一天工夫,车上所有的窗户都被人打破,内部的东西也全部丢失。

这就是著名的"破窗理论"。其结论可以归结为:既然是坏的东西,让它更破一些也无妨。对于完美的东西,大家都会不由自主地维护它,舍不得破坏;而对于残缺的东西,大家就会去加大其损坏程度。这与道德似乎没有多大关联。人们也曾经用这理论在一座城市里做过类似的实验。

在一条街道上,先是扔了一些生活垃圾。没过几天,这条街道就被铺天盖地的垃圾覆盖，碎纸和塑料袋乱飞。同时，人们把另一条街道打扫得干干净净，并维护了好几天。这之后，每当街上出现脏物时，总会有人自动把它扔进垃圾箱；如果碰到外人往地上乱扔垃圾，还会有人制止。

"破窗"理论提醒我们：作为一个领导者，要保持自己所属的"地盘"干干净净，不要在上面"乱扔垃圾"，更不要轻易打破你的领地中的任何一扇"窗"。

在应用"破窗"理论的过程中，领导者的行为非常重要。在一定程度上，领导者的行为成了企业行为的标杆。如果领导者没有参与到企业的日常运营当中，那他就不可能对企业文化产生决定性的影响。领导者的行为方式将决定其他人的行为方式。

比如，如果你想营建一种坦白的对话氛围，你就必须自己先做到开诚布公，说真话，深入基层，倾听各方面的意见。

20. 留个"缺口"给他人

留个缺口给他人，并不说明自己的能力不强。实际上，这是一种管理的智慧，是一种更高层次上的带有全局性的圆满。给猴子一棵树，让它不停地攀登；给老虎一座山，让它自由纵横。也许，这就是企业管理者用人的最高境界。

一位著名企业家在作报告，一位听众问："你在事业上取得了巨

大的成功,请问,对你来说,最重要的是什么?"

企业家没有直接回答,他拿起粉笔在黑板上画了一个圈,但是并没有画圆满,而是留下一个缺口。

他反问道:"这是什么?""零"、"圈"、"未完成的事业"、"成功",台下的听众七嘴八舌地答道。

他对这些回答未置可否:"其实,这只是一个未画完整的句号。你们问我为什么会取得辉煌的业绩,道理很简单:我不会把事情做得很圆满,就像画个句号一定要留个缺口,让我的下属去填满它。"

任何员工都不可能没有缺点毛病,聪明的管理者应辩证地客观地看待这一点,恰如其分地把握时机,在不断地批评教育中让员工扬长避短,迅速锻炼成长。可是,一些管理者由于情面或其他原因,对员工的缺点采取一些消极的做法,结果既耽误了员工的成长进步,又损害了自己的威信。

管理者对员工的缺点应该采取什么样的态度呢?下面是几点建议:

①赏罚分明,平时注意帮助员工改正缺点。

②坦率直言。

③及时纠正,防微杜渐。

④允许员工出错。

⑤胸怀坦荡。

21. 先给"黄连",后给"糖果"

人们的心理预期是今天一定要比昨天好,这也是人们工作学习的动力。懂得这个道理,采取相应的策略就可以变坏事为好事,圆满地解决问题,并取得事半功倍的效果。给他一个较低的预期,还他一个理想的结果。

以往蒸蒸日上的公司,今年的盈余竟大幅滑落。这绝不能怪员工,因为大家为公司拼命的情况丝毫不比往年差,甚至可以说,由于人人意识到经济的不景气,干得比以前更卖力。

这也就愈发加重了董事长心头的负担,因为马上要过年,照往例,年终奖金最少加发两个月,多的时候,甚至再加倍。今年可惨了,算来算去,顶多只能给一个月的奖金。"让多年以来被惯坏了的员工知道,士气真不知要怎样滑落!"

董事长忧心忡忡地对总经理说:"许多员工都以为最少加两个月,恐怕飞机票、新家具都订好了,只等拿到奖金就出去度假或付账单呢!"

总经理也愁眉苦脸了:"好像给孩子糖吃,每次都抓一大把,现在突然改成两颗,小孩一定会吵。"

"对了!"董事长突然触动灵机,"你倒使我想起小时候到店里买糖,总喜欢找同一个店员,因为别的店员都先抓一大把,拿去秤,

再一颗一颗往回扣。那个比较可爱的店员，则每次都抓不足重量，然后一颗一颗往上加。说实话，最后拿到的糖没什么差异。但我就是喜欢后者。"

没过两天，公司突然传来小道消息：

"由于营业不佳，年底要裁员。"

顿时人心惶惶了。每个人都在猜会不会是自己。最基层的员工想："一定由下面杀起。"上面的主管则想："我的薪水最高，只怕从我开刀！"

但是，跟着总经理就做了宣布："公司虽然艰苦，但大家同乘一条船，再怎么危险也不愿牺牲共患难的同事。只是年终奖金，决不可能发了。"

听说不裁员，人人都放下心头上的一块大石头，那不至于卷铺盖的窃喜，早压过了没有年终奖金的失落。

眼看除夕将至，人人都做好了过个穷年的打算，彼此约好拜年不送礼，以共度时艰。突然，董事长召集各单位主管参加紧急会议。看主管们匆匆上楼，员工们面面相觑，心里都有点儿七上八下："难道又变了卦？还是要裁员？"

没过几分钟，主管们纷纷冲进自己的部门，兴奋地高喊着："有了，有了！还是有年终奖金，整整一个月，马上发下来，让大家过个好年！"

整个公司大楼，爆发出一片欢呼，连坐在顶楼的董事长，都感觉到了地板的震动……

在管理中，适时地抑制一下员工的欲望，然后再给员工们一个惊喜，是一个相当不错的管理技巧，毕竟，人如果在绝望中看到一点希望，肯定有说不出的高兴，所以，管理者更应该结合本企业的实际情况，适当地"威胁"一下员工，管理效果肯定是事倍功半，这就是所谓的"先给黄莲，后吃糖果"的管理艺术。

22. 拔出"刺头"

对于"刺儿头"，只有想办法先拔掉他的刺儿，才能"驯服"他。

狮子爱上了农夫的女儿，请求农夫将女儿嫁给它。农夫既不忍心把女儿许配给猛兽，又不敢拒绝，就想出了一个方法。当狮子来催促的时候，农夫对它说："我很愿意将女儿嫁给你，但她很怕你的尖牙利爪，如果你剪掉它们，我女儿立刻与你结婚。"

狮子立刻答应了，回去之后就剪掉了它的尖牙和利爪。可是如此一来，农夫就不怕狮子了，当狮子再来的时候，农夫就用木棒把它赶走了。

一个员工敢于提出无理要求总是因为有所依恃，领导者断然拒绝或无条件地答应都会给自己带来负面影响。可以像那位农夫一样，摸清其"靠山"再采取措施，功到则自然成。

管理者对待悲观失望的人，不可轻视他们的人生观对你的神经的麻痹作用，要提高你的警惕。一个集体内，要是某一个人有悲观

的情绪，就可能阻碍整个集体的前进。必须注意两种现象：一是，这个集体的整体成绩是否欠佳；二是，你本人的热情和干劲儿是否降低。

对待悲观主义者除了思想帮助外，给他一个合适的工作岗位也是应该的。如将他放在流水线的末尾，在这种地方，悲观主义者可以成为良好的监督者，他会严格把关，比别人更喜欢把差错找出来。

如何对待愤世嫉俗的人呢？这里介绍一种夸张消极法。你可以这样做：故意模仿愤世嫉俗者的言辞和举止，甚至有过之而无不及，不过在说话时尽量显示出大智若愚的样子。这样做就可以消除他们对单位的消极传染性影响。

对待争强好胜的人：这类人有其积极的一面，那就是不甘人后，但也有消极的一面，那就是易于走极端，给公司带来消极影响，妨碍他人有效的工作。

对待他们，不可以采取同样的咄咄逼人的态度，或以其人之道还治其人之身，而应该一方面从正面引导他们，发挥其积极的一面，促进企业人力资源的有效利用，另一方面找准机会，指出其消极影响，克服自身缺陷。

对待奉承拍马的人：马屁精如果有朝一日掌权，会培植出更多的小人，最后公司就会处于工作效率低下、业务瘫痪的境地，因此，领导者一定要杜绝奉承拍马的现象，加强自身修养，提高自身素质。

23. 南风法则

人性化管理更具"杀伤力"。领导者在管理中运用"南风"法则，就是要尊重和关心下属，以下属为本，多点人情味，使下属真正感觉到领导者给予的温暖，从而去掉包袱，激发工作的积极性。

"南风"法则也称为"温暖"法则，源于法国作家拉封丹写过的一则寓言：北风和南风比威力，看谁能把行人身上的大衣脱掉。北风用力吹，顿时冷风凛冽、寒冷刺骨，结果行人把大衣裹得紧紧的。南风则徐徐吹动，顿时风和日丽，行人因为觉得春意上身，始而解开纽扣，继而脱掉大衣，南风获得了胜利。

从管理者的角度来看，善待员工等于善待自己。

有的管理者对员工极为苛刻，今天看这个不顺眼，明天又认为那个应当"滚蛋"，似乎天下就他一个人是有用之才。任何人才到他这里，都难有所作为。在此，奉劝那些管理者学学战国时齐国的孟尝君，用人用其长，别只揭其短。孟尝君相齐数十年无祸，在很大程度上得益于他善于用人。他不仅结交诸侯显贵，还与很多三教九流的人成了朋友。即使"鸡鸣狗盗"之徒，也能派上大用场，发挥其长处为己所用。而时下一些管理者，是怎样做的呢？

管理者若关心员工，员工就会回报管理者以忠诚；管理者若想员工之所想，员工必为管理者排忧；管理者若不把员工当人看，员

工岂能把管理者当作人？企业的经营管理把管理者和员工结为一个利益共同体，可以说，一损俱损，一荣俱荣。有的管理者却不明白这个似乎很浅显的道理，很刻薄地对待员工，自以为掌握着员工的命运，结果对员工伤害很大，给自己带来的损失更无法估计。

24. 有效管理应注意个体差异

作为个体的集合，组织就如一个大树林，不同的鸟儿聚在其中，构成了一个复杂的生态环境。因此，有效管理决不是一个单纯的过程，它应当具有针对性、包容性和灵活性，否则，管理就丧失了它的本质意义。

在日本的一家动物园，有位饲养员特别爱干净，对动物也特别有爱心，每天都把小动物住的小屋打扫得干干净净。结果呢，那些小动物一点也不领他的情，在干净舒适的环境里，动物们开动慢慢萎靡不振了，有的厌食消瘦，有的生病拒食，有的甚至死了。

原因是什么？

后来，通过观察才发现，那些动物都有自己的生活习性，有的喜欢闻混浊的骚气，有的看到自己的粪便便反而感到安全等等。

这个故事说明了这样一个道理，有效的管理必须针对组织内个体的需求，包容个体的差异性，并在此基础上灵活应对、多元管理。假如像故事中的饲养员那样，无视个体的差异，一味追求看似完美的统一，这样的组织最终一定会因抹杀了个体的个性而导致组织的解体或僵死。

第七章

管理怎能不创新
——学习与创新为组织注入活力

　　一个高明的领导者总是善于和乐于以学习、创新作为组织活力的源泉,因为他深知,一个学习型组织才有可能实现可持续性发展。学习让人提高,学习给人提供创新的能源。创新往往与直接的效益相距较远,却是实现企业效益最大化的根本保证。

1. 10年经验，不过是10次经验

办公室中总有一些倚老卖老的人，除了喜欢自抬身价，吹嘘自己的经验多么丰富外，更恶劣的是常摆出"高姿态"，吝于指导后进。事实上，组织中的工作以例行性事务居多，而从事这种类型的工作所累积的经验又有一个特性，那就是：10年的经验，只不过是10次的经验而已。遗憾的是，总是有人会忽略了这一点。

3月初春，灿烂的阳光洒在一片开满金盏花的园圃上。角落里，有几朵金盏花叶片泛黄、扭曲，枝干纤弱，一副病恹恹的样子。仔细一瞧，原来叶背早已长满了蚜虫，一群蚂蚁正忙碌着要把蚜虫赶到另外一株叶片青翠、肥美多汁的金盏花上。

"老弟啊，瞧你笨手笨脚的样子！你这副德性，如何把这些家伙赶到另一边去呢？"一只老蚂蚁说，"仔细看着，瞧瞧老哥的手段！"那只老蚂蚁两三下就把一群蚜虫赶到另一棵花儿上去了。

"老哥，拜托你教一下吧！"小蚂蚁迫不急待地央求道。"哈！这功夫可不是三年五年就学得成的，你这初出茅庐的小子不用着急，只要多看老哥怎么做就成了。"老蚂蚁摆出一副爱理不理的脸孔，以教训的口吻回答道。

小蚂蚁不断地找机会请老蚂蚁指导，但老蚂蚁总是言辞闪烁、推三阻四的，有时候还不忘强调一下它这本领是如何困难、复杂，言下之意尽是在炫耀自己的天资聪明。

午后雷阵雨逐渐多了起来,夏日近了。小蚂蚁在经历无数次的挫折后,已逐渐掌握了要领,甚至发明了更有效率的方法。于是,它不再请求老蚂蚁传授经验。

又到了采集蚜虫分泌物的清晨,老蚂蚁惊讶地望着小蚂蚁干净利落的表现,终于忍不住酸溜溜地问道:"小家伙,你好厉害啊!你到底是怎样学到我这门功夫的呢?"小蚂蚁回过头来,以坚毅的口吻缓缓地答道:"时间!时间是最好的老师。只要别人能做的事,都没有什么了不起的,时间终会教会我们一切。"

利用一切出现的机会与条件,敞开心扉拥抱这个世界,而不是忍耐诅咒。尽可能利用环境中的各种条件,经常向自己提出问题:"现在发生的事情对我有什么好处?如何利用它使得我获得更多?"要善于总结他人的缺点来为自己服务。

2. 时刻学习,才有希望

时刻学习着,时刻准备着,学习是进取的前奏,是为了发展和进步积蓄能量。一个在别人闲暇的时候保持学习状态的人和团队,才是最有希望的。

一只狐狸看见一头健壮的野狼在草地上来回地奔跑,便劝它说:"天气这么好,大家在休息娱乐,你也歇一会儿吧!"野狼没有说话,

继续奔跑。

狐狸奇怪地问道:"森林这么静,猎人和猎狗已经回家了,老虎也不在附近,你何必那样呢?"

野狼停了下来回答说:"我现在不练,如果有一天我被猎人或老虎追逐,到那时,我就跑不动了。而平时坚持训练,到那时就可以保护自己了。"

有阅读习惯的人,在电车上,或是睡前,都会把握片刻来看书。一位成功人士在年轻时曾当过拉板车的工人,他回味不已地说:"我总是尽快完成当天的工作,然后到野外抛下板车,躺在草地上看书。"

在团队中,学习是促进个人和团队能量提高的重要方式,要善于利用学习,提高团队的整体素质和战斗力。

3. 常变常新

创新是一个永恒的话题,因为人们总是习惯于怠惰、习惯于原已成形、早已熟悉的做法。创新需要学习精神,需要创造能力,需要一点点冒险。

每天大清早,鸭姐妹俩总是顺着大路摇摇摆摆地走向池塘去游泳。

"这条路真好,"鸭姐姐说,"但是我在想,我们是不是另外找

第七章
管理怎能不创新——学习与创新为组织注入活力

一条路走走。也许还有许多路都能通向池塘去呢。"

"不，不，"鸭妹妹说，"我不同意，我实在不想找另一条新的路。这条路我已经走惯了，很舒服。"

一天早上，鸭姐妹看见一只狐狸坐在路边的一个篱笆上。

"早晨好，鸭小姐。你们是去池塘游泳的吧？"

"唉，对啊。我们每天都要走这条路呢！"鸭姐妹说。

"真的吗？有意思。"说着，那狐狸露出尖尖的牙齿笑了笑。

第二天，太阳升起了。鸭姐姐说："如果我们今天还是走那条老路的话，我们一定会遇到那只狐狸的。我不喜欢看到他那副嘴脸。今天我们一定得找条新的路走。"

"你真是傻透了，"鸭妹妹笑着说，"那只狐狸看上去可像一位绅士啦，昨天它还朝我们笑呢！"

就这样，鸭姐妹俩还是沿着老路摇摇摆摆地向池塘走去。果然，那只狐狸仍旧坐在篱笆上，手里还拿着一只麻袋。

"可爱的小姐们，我正在迎候你们呢。你们没有让我白等，我真是太高兴了。"说着，他打开麻袋凶狠地扑向鸭姐妹。鸭姐妹"嘎嘎嘎"地喊叫着，扑打着翅膀飞也似地逃回了家，赶紧把门闩上。

第三天，为了安定一下情绪，鸭姐妹待在家里没有出去。

第四天，她们小心谨慎地找到了一条能安然无恙地到池塘去游泳的路。

常变常新，创新会引起员工的新鲜感。对于管理工作来说，不仅要在制度上创新，思想上创新，还需要有其他方面的创新。不断地与别人交流、学习，提高自己的创新能力，无疑会使效率有很大的提高。

4. 大人常怀赤子心

"爱你的员工吧，他会百倍地爱你的企业。"这句话对于任何一个企业都是绝对的至理名言，因为每个企业最重要的问题也就是"人"的问题。由于情绪、情感是人精神生活的核心成分，是人类所特有的，因此情感管理对于每个企业而言是很必要的。

某科长由于动不动便指责下属，所以深受科员的鄙视。某天，科长的上司——也就是处长，怒气冲冲地跑进科长办公室里，无视科长的存在，指着写报告的人说："写的什么报告？"此时，那位经常指责下属的科长却适时地站了出来说："是我要他这样写的，责任由我来负！"

从此以后，该科的气氛完全改变过来了，科长虽仍如同过去一般动辄破口大骂下属，但科员对科长的态度却已与从前大为不同。因为，他们意识到："科长是真的在替我们设想。"并产生上司与下属间的信赖关系，整个办公室因此充满朝气。

员工在公司里受到指责时，如果能够得到上司的庇护，他们在心理上无疑将获得莫大的安慰。

"无情未必真豪杰"，"大人常怀赤子心"。优秀的管理者首先是一个具有普通人类感情的人，同时又是一位善于把握人类情感的大师，情感与思想紧密相连。管理者要注意与传统的忽视个体的管理理念划清界线，时常把员工的事当成企业的事，关心照顾退休员工会使在岗员工安心工作，关心有困难的员工会使他们对企业更加忠诚，这也是做好员工思想工作的前提。只有上下同心，关心员工，才能形成团结向上共同进步的气氛。从某种意义上来说，一个企业就是一个大家庭，而管理者就是这个大家庭的"家长"。

5. 让自己变得更强

美国总统林肯曾在面对挫折时说："这只不过是滑了一跤，并不是真正死去而爬不起来了。"让一条线变短的最好方法是在它旁边再画一条长线。

一位武术高手参加锦标赛，自信十足地认为一定可以勇夺冠军。却不料在决赛时，遇到一位实力相当的对手，使他难以招架。武术高手察觉到自己竟然找不出对方的破绽，而对方的攻击却往往能击中他的要害。

比赛结果可想而知，武术高手惨败在对方手下，也失去了冠军宝座。

他懊恼不已地下台找他的教练，并请求教练帮他找出对方招式的破绽。

教练笑而不语，在地上画了一道线，要他在不能擦掉这条线的情况下，设法让这条线变短。

武术高手苦思不解,最后还是放弃继续思考,而求教于教练。

教练在原先那条线的旁边又画了一道更长的线,两者相较之下,原先的那条线看来变得短了许多。

教练开口道:"夺得冠军的重点,不在如何攻击对方的弱点。正如地上的长短线一样,只要你自己变得更强,对方正如原先的那条线一般,也就在无形中变得较弱。"

应付挫折的道理也正如画线一样,你短它就长,你长它就短。使自己由短变长的唯一途径就是在学习中不断创新,只要你始终是两条线中最长的一根,主动权就永远在你手里。

6. 用自己的尺度衡量自己

不如人的感觉,产生的原因只有一种:我们不用自己的"尺度"来判断自己,而用某些人的"标准"来衡量自己。我们这样做,毫无疑问地,只会带来低人一等的感觉。因为我们总在假设应该以某些人的"标准"来向他们看齐,所以我们总觉得忧虑、不如人,因而比来比去得出的结论说我们本身有毛病。

从前有个小男孩要去上学了。他的年纪这么小,学校看起来却是那么大。小男孩发现进了校门口便是他的教室时,他觉得高兴,因为这样看起来,学校不再那么巨大。

一天早上,老师开始上课,她说:"今天,我们来学画画。"那

第七章
管理怎能不创新——学习与创新为组织注入活力

小男孩心想："好哇！"他喜欢画画。

他会画许多东西，如：狮子和老虎，小鸡或母牛，火车以及轮船……

他开始兴奋地拿出蜡笔，径自画了起来。

但是，老师说："等等，现在还不能开始。"

老师停了下来，直到全班都专心看着她。老师又说："现在，我们来学画花。"

那男孩心里高兴。他平时就喜欢画花儿，他开始用粉红色、橙色、蓝色蜡笔，勾勒出他自己的花朵。

但此时，老师又打断大家："等等，我要教你们怎么画。"

于是她在黑板上画了一朵花。花是红色的，茎是绿色的。"看这里，你们可以开始学着画了。"

小男孩看着老师画的花，又看看自己画的，他比较喜欢自己的花儿。

但是他不能说出来，只能把老师的花画在纸的背面，那是一朵红色的花，带着绿色的茎。

另一天，小男孩进入教室，老师说："今天，我们用黏土来做东西。"

男孩心想："好棒。"他喜欢玩儿黏土。他会用黏土做许多东西：蛇和雪人，大象及老鼠，汽车、货车——他开始捶揉那球状的黏土。

老师说："现在，我们来做个盘子。"男孩心想："嗯，我喜欢。"他喜欢做盘子，没多久各式各样的盘子便出笼了。

但老师说："等等，我要教你们怎么做。"她做了一个深底的盘

子。"你们可以照着做了。"

小男孩看着老师做的盘子，又看看自己的。

他实在比较喜欢自己的，但他不能说，他只是将黏土又揉成一个大球，再照着老师的方法做，那是个深底的盘子。

很快地，小男孩学会等着、看着，仿效老师，做相同的事。

很快地，他不再创造自己的东西了。

一天，男孩全家人要搬到其他城市，而小男孩只得转学到另一所学校。

这所学校更大，教室也不在校门口边。现在，他要爬楼梯，沿着长廊走，才能到达教室。

第一天上课，老师说："今天，我们来画画。"

男孩想："真好！"他等着老师教他怎么做，但老师什么也没说，只是沿着教室走。

老师来到男孩身边，她问："你不想画吗？"

"我很喜欢啊！今天我们要画什么？"

"我不知道，让你们自由发挥。"

"那，我应该怎样画呢？"

"随你喜欢。"老师回答。

"可以用任何颜色吗？"

老师对着他说："如果每个人都画相同的图案，用一样的颜色，我怎么分辨是谁画的呢？"

于是，小男孩开始用粉红色、橙色、蓝色画出自己的小花。

小男孩喜欢这个新学校，即使教室不在校门口边。

画家如果拿旁人的作品做自己的标准或典范,他画出来的画就没有什么价值。在一个团队中,如果条条框框过多,让员工干起事情束手束脚,有一种四处碰壁的感觉,他的思维便会被禁锢在一个条条框框之内,于是学习成了简单的模仿,创新成了机械的重复。即便有一天把他推到解决问题的前沿,需要他的创造力的时候,他也只能像那个学绘画的小男孩一样,再也创造不出自己的东西了。

从某个角度来看,地球上每一个人都不如另一个人或另一些人。举重你比不上保罗·安德森,掷铅球你比不上白利·欧布莱恩,跳舞你比不上亚瑟·毛瑞,这些事情你知道得很清楚。但你不应因为比不上他们而产生自卑感,使你的人生黯淡无光,也不该只因为某些事情无法做得像他们那么有技巧,而觉得自己是块废料。

创新的产生不是来自"事实"或"经验",而是来自我们对事实的结论与对经验的评价。例如:你是个举重不行的人,或跳舞不行的人,但是,这并不是说你是个"不行的人"。

7. 机会孕育在创新中

机会在学习中得,在创新中得。当原来的环境已经威胁到生存时,就要坚决地放弃,勇敢地去开创新的生活。征途中虽然会遇到很多艰难险阻,但只要坚韧不拔,终会创出一片新天地,获得新生。

在夏日枯旱的非洲大陆上,一群饥饿的鳄鱼困在水源快要断绝

的池塘中，较强壮的鳄鱼已经以弱者为食了，悲剧每天都在上演。

这时，一只瘦弱勇敢的小鳄鱼却起身离开了快要干涸的水塘，迈向未知的大地。

干旱持续着，池塘中的水愈来愈混浊、稀少，最强壮的鳄鱼已经吃掉了不少同类，剩下的鳄鱼看来难逃被吞食的命运。然而却不见有鳄鱼离开，也许栖身在混水中，等待迟早被吃掉的命运，似乎比离开、走向完全不知水源在何处还安全些。

池塘终于完全干涸了，唯一剩下的大鳄鱼也不耐饥渴而死去，它到死还守着它残暴的王国。

可是，那只勇敢离开的小鳄鱼经过多天的跋涉，幸运的它竟然没死在半途上，而是在干旱的大地上找到了一处水草丰美的绿洲。

适时地放弃是一种大智慧，得到机会的途径和方法不只是抓住不放。在适当的时候选择放弃，更能显示一个优秀管理者的眼光和头脑，当然，合适的机会如果要来了，不管出现什么情况，都要用自己的毅力和智慧紧紧抓住，直至成功。

8. 培养创新思维

创新需要创造性的思维，也需要艰苦的付出。创新者总能想别人所未想，对事情做出预见性的准备。一个领导者具备了创新思维，就等于给自己的团队插上了腾飞的翅膀。

第七章
管理怎能不创新——学习与创新为组织注入活力

有两个和尚，他们分别住在相邻的两座山上的庙里。

这两座山之间有一条小溪，于是这两个和尚每天都会在同一时间下山去溪边挑水，久而久之他们便成了好朋友。

就这样时间在每天挑水中不知不觉已经过了五年。

突然有一天，左边这座山的和尚没有下山挑水，右边那座山的和尚心想："他大概睡过头了。"便不以为意。

哪知道第二天左边这座山的和尚还是没有下山挑水，第三天也一样。过了一个星期还是一样，直到过了一个月，右边那座山的和尚终于受不了，他心想："我的朋友可能生病了，我要过去拜访他，看看能帮上什么忙。"

于是他便爬上了左边这座山，去探望他的老朋友。

等他到了左边这座山的庙时，看到他的老友之后大吃一惊，因为他的老友正在庙前打太极拳，一点也不像一个月没喝水的人。

他很好奇地问：

"你已经一个月没有下山挑水了，难道你可以不用喝水吗？"

左边这座山的和尚说：

"来来来，我带你去看。"

于是他带着右边那座山的和尚走到庙的后院，指着一口井说：

"这五年来，我每天做完功课后都会抽空挖这口井，即使有时很忙，能挖多少就算多少。如今终于让我挖出井水，我就不用再下山挑水，我可以有更多时间练我喜欢的太极拳。"

在这个千变万化的社会中，创新的火花是时时闪现的，关键就看你会不会把握，有没有眼光，具不具备这方面的条件。当创新这

种思想日渐成为社会的主旋律时,一个优秀的管理者一定要把握住时代的脉搏,与时俱时,开拓创新,把自己的团队带领到一个新的高度。

9. 停滞是创新的坟墓

创新以激情为土壤,以停滞为坟墓。视僵死的东西为宝,却不去营造活生生的美,缺乏创新和激情的管理只能随他视之如宝的僵死教条终身躺在那个阴暗的角落里,然后一天天慢慢地死去。

有条鳄鱼对他卧室里的糊墙纸越看越喜欢,他好久好久地注视着它。

有一次,他自言自语地说:

"看看这一排排整洁的花朵和叶子,她们就像一个个士兵那样排列得整整齐齐。"

"我亲爱的,"鳄鱼的妻子说,"你在床上待的时间太长了,快到花园里来吧,这儿空气新鲜,阳光充足。"

"好吧!如果你一定要我这么做,那么就请你稍微等一会儿。"为保护眼睛不受到阳光的照射,他戴上了一副深色的眼镜,随后走了出去。

鳄鱼的妻子为自己有这样一个美丽的花园感到骄傲。

她说:"请看看这些一品红和万寿菊,再闻闻那些玫瑰和百合花……"

"天哪,"鳄鱼大叫道,"这花园里的花和叶子长得这么参差不齐,凌乱不堪,一点没秩序,太糟了,太糟了。"

鳄鱼非常生气地回到自己的卧室。可是当他一看到他的糊墙纸时,就高兴得把刚才的一切都忘光了。

"啊,"鳄鱼叹道,"这儿才算是一个美丽的花园呢。这些花儿使我觉得多么欢乐,多么安宁啊!"

从此以后,鳄鱼很少离开那张床,他一直躺在那里朝着墙壁微笑。最后他变成了一条面色苍白、容貌憔悴的鳄鱼。

在你的言行中加入创新就能吸引身边所有的人。诚实、能干、友善、忠于职守、淳朴——所有这些特征,对准备在事业上有所作为的人来说,都是不可缺少的,但是更不可或缺的是热忱——将奋斗、拼搏看做是人生的快乐和荣耀。

10. "疯子"未必不是能人

不要被强大的竞争对手吓倒,要破除迷信,敢于站到"巨人"的肩膀上。有些人,本来也是想"自主"的,但看到自己的竞争对手全是国际产业界的巨鳄,不免心中打鼓。再加上一些理论家总是有意无意地将很多东西扩大化、神秘化,于是胆小者更加担心自己是否有生存的空间。

一个心理学教授到疯人院参观，了解疯子的生活状态。一天下来，觉得这些人疯疯癫癫，行事出人意料，可算大开眼界。

想不到准备返回时，发现自己的车胎被人卸掉了。"一定是哪个疯子干的！"教授这样愤愤地想道，动手拿备胎准备装上。

事情严重了——卸车胎的人居然将螺丝也都卸掉给扔没了。没有螺丝有备胎也装不上去啊！

教授一筹莫展。在他着急万分的时候，一个疯子蹦蹦跳跳地过来了，嘴里唱着不知名的流行歌曲。他发现了困境中的教授，停下来问发生了什么事。

教授懒得理他，但出于礼貌还是告诉了他。

疯子哈哈大笑说："我有办法！"他从每个轮胎上面卸了一个螺丝，这样就拿到三个螺丝将备胎装了上去。

教授感激之余，大为好奇："请问你是怎么想到这个办法的？"

疯子嘻嘻哈哈地笑道："我是疯子，可我不是呆子啊！"

其实，世上有许多善于创新的人，由于他们发现了工作中的乐趣，总会表现出与常人不一样的狂热，让人难以理解。我们在笑话他们是疯子的时候，说不定他们还在笑话我们是呆子呢。高明与平庸领导的分别在于，或者把疯子视作能人，或者把能人视作疯子。

11. 成功取决于激情

我们年复一年，月复一月、日复一日重复着手头的工作，激情被慢慢地消磨殆尽，创新与我们越来越远，而成功也会像那个金贝壳在麻木中被我们放弃。一个忘记了激情为何物的团队，又哪有效率可言？领导者不能不深思。

一位长者告诉一位渴望财富的青年，北海岸边有金贝壳。于是这个青年就不远万里，来到了北海岸边的海滩上，不顾一切开始了寻找金贝壳的工作。起初他耐心地拣起每一枚贝壳仔细端详，确定不是金贝壳后才把它扔掉。北海岸边寒风袭人，青年拾起每一颗贝壳都是冰凉的。天气的寒冷，事情的单调，使青年渐渐失去耐心，渐渐地，他只感觉一下，就将贝壳扔掉了。一天、两天、一个月、两个月，无数贝壳被青年拣起又扔掉，始终没有找到老者所说的金贝壳，青年人很颓丧，觉得自己已不可能找到金贝壳了。

但青年很执著很勤奋，一直不停地忙碌着，终于有一天，一枚金贝壳被他拾在手中，但无数次的失败使青年无形中形成了思维定式，他只是感觉一下那枚贝壳，看都有没看，那个想法就又冒出来：不可能，拣起来那么多都不是金贝壳，这枚怎么就那么天遂人意呢？青年连看都不看，随手就这样把金贝壳随手扔掉了。

后来青年又捡到一枚金贝壳，又被他同样扔掉了。后来他老了，

无奈地回到家乡，他告诉年轻人：北海岸边没有金贝壳。

与其说成功取决于一个人的才能，不如说成功取决于一个人的激情。这个世界为那些具有真正的使命感和自信心的人大开绿灯，到生命终结的时候，他们依然热情不减。无论出现什么困难，无论前途看起来多么暗淡，他们总是相信自己能够把心目中的理想图景变成现实。

对工作满腔热情的人，激情可以与大家分享，它是一项分给别人之后反而会不断增加的资产。你付出的越多，得到的也会越多。生命中最好的奖励并不是来自财富的职累，而是由热忱带来的精神上的满足。

12. 不要固执于自己的经验和本能

创新，有时哪怕是具有盲目性的创新，也会带来生的希望，如瓶中的蜜蜂固执地沉溺于自己偏狭的经验和本能，则只有死路一条；如瓶中的苍蝇不断寻找新的路径，终于解救了自己。

如果你把六只蜜蜂和同样多只苍蝇装进一个玻璃瓶中，然后将瓶子平放，让瓶底朝着窗户，会发生什么情况？

你会看到，蜜蜂不停地想在瓶底上找到出口，一直到它们力竭倒毙或饿死；而苍蝇则会在不到两分钟之内，穿过另一端的瓶颈逃逸一空。事实上，正是由于蜜蜂对光亮的喜爱，由于它们的智力，蜜蜂才灭亡了。

蜜蜂以为囚室的出口必然在光线最明亮的地方；它们不停地重复着这种合乎逻辑的行动。对蜜蜂来说，玻璃是一种超自然的神秘之物，它们在自然界中从没遇到过这种突然不可穿透的大气层；而它们的智力越高，这种奇怪的障碍就越显得无法接受和不可理解。

那些愚蠢的苍蝇则对事物的逻辑毫不留意，全然不顾亮光的吸引，四下乱飞，结果误打误撞地碰上了好运气；这些头脑简单者总是在智者消亡的地方顺利得救。因此，苍蝇得以最终发现那个神秘的出口，并因此获得自由和新生。

创新的一条重要途径是不断地走错路，然后一一排除错路，最终走向正确的路径，就如爱迪生试验灯丝的材料，如果没有前面的几千种试验品，就不会有灯泡的出现，创新从某种意义上说是一种"理智的盲目"。

13. 好的团队，应该是学习型的团队

学历代表过去，能力代表现在，只有学习才能代表将来。尊重经验的人，才能少走弯路。一个好的团队，也应该是学习型的团队。

有一个博士分到一家研究所，成为学历最高的一个人。

有一天他到单位后面的小池塘去钓鱼，正好正副所长在他的一左一右，也在钓鱼。他只是微微点了点头——这两个本科生，有啥

好聊的呢？不一会儿，正所长放下钓竿，伸伸懒腰，"噌噌噌"从水面上如飞地走到对面上厕所。博士眼睛瞪得都快掉下来了。水上飘？不会吧？这可是一个池塘啊。正所长上完厕所回来的时候，同样也是"噌噌噌"地从水上飘回来了。怎么回事？博士生又不好去问，自己是博士生啊！

过一阵，副所长也站起来，走几步，"噌噌噌"地飘过水面上厕所。这下子博士更是差点昏倒：不会吧，自己怎么到了一个江湖高手集中的地方？

博士生也内急了。这个池塘两边有围墙，要到对面的厕所非得绕十分钟的路，而回单位上又太远，怎么办？

博士生也不愿意去问两位所长，憋了半天后，也起身往水里跨：我就不信本科生能过的水面，我博士生不能过。

只听"咚"地一声，博士生栽到了水里。

两位所长将他拉了出来，问他为什么要下水，他问："为什么你们可以走过去呢？"

两所长相视一笑："这池塘里有两排木桩子，由于这两天下雨涨水，木桩正好在水面下。我们都知道这木桩的位置，所以可以踩着桩子过去。你怎么不问一声呢？"

学习型组织作为近年来风靡世界的新型企业的组织管理方式，使企业在现代创新竞争和快速发展的经济社会中，有更强的创新精神和生命力。那么，如何让企业自身与当代管理科学嫁接，图新求变，应对市场经济和入世的严峻挑战，走出一条适合企业自身的创建学习型企业的路子呢？

一、以观念转变为先导。创建学习型组织，关键在于员工观念的变革。

二、以稳步推进为原则，不断创新工作载体。

三、以营造文化环境为基础。创建学习型企业，必须努力建立一个有利于组织学习的环境。

四、创建活动应紧密联系生产经营，以完善企业管理为目标。理论上的学习，归根结底是为了实际运用。

五、以创新型员工培训为突破口。学习型组织可以概况为三句话：是全体人员全身心投入，并持续增长学习力的组织；是体验工作中生命的意义的组织；是创造自我并创新未来能量的组织。

此外，健全完善的激励机制和鼓励自学等相关制度，对保证学习型企业的创建活动健康、持续地开展下去也十分重要。

14. 让员工充分发挥自己的才能

如果管理者太喜欢管事，在一定程度上会影响到下属的创意勇气，束缚他们的行动。尤其对于专业领域的事情，管理者要相信专业工作者的能力和判断，自己少参与，少指手画脚。

美国人愿意发挥自己的想象力，他们不轻易敲主管的门，因为敲主管的门，主管的话就会成为他们的一个框架，会影响自身的想象力。

一位中国主管看见美国调色师正在调口红的颜色,走过去随便问了一句:"这口红好看吗?"美国调色师站起来:"第一,亲爱的余副总(美国人通常都是叫名字的,叫了头衔就表示心中有点不太愉快了),这个口红的颜色还没有完全定案,定案以后我会拿给你看,你现在不必那么担心。第二,余副总,我是一个专业的调色师,我有我的专业,如果你觉得你调的比较好,下个礼拜开始你可以调。第三,亲爱的余副总,我这个口红是给女人擦的,而你是个男人。如果所有的女人都喜欢擦,而你不喜欢没有关系,如果你喜欢,别的女人却不喜欢,那就完了。"

"Sorry,sorry……"主管知道自己的问话有些不妥,连声道歉。

要让员工充分发挥自己的才能,并不是说一说这么简单,因为这需要主管对员工进行放权、分权,并给予员工充分的信任。

进行分权和放权,并不意味着主管的权力被剥夺,相反,主管的职能总地来说是加强了,只有领袖人物才具有的强势才能被突出表现出来。因为放权和分权能够使主管从日常繁琐的事务中抽出身来,集中时间做真正该做的事,管真正该管的事情,比如企业战略的制定、企业高级人员的培养和安排、组织运行的考评,以及企业文化的培育等。这些方面的事情更影响企业的发展方向。

分权和放权不仅能让主管举重若轻,而且能调动员工的积极性,有效影响员工自觉去做好本来就该做好的事情,让他们把自己的精力直接集中到工作成果上,而不是像集权制下那样把所有的事情都推到主管那儿。做到"无为而治",才是管理的最高境界。

第七章
管理怎能不创新——学习与创新为组织注入活力

15. 活到老，学到老

面对社会的深刻变革，各种社会思潮不断涌现的新形势，管理者只有通过不断学习——学习先进事迹、学习先进知识、学习先进工作方法，才能坚定理想信念，锤炼道德操守，提升思想境界，提高管理水平。

一天，晋平公对一名叫师旷的著名乐师问道："我已经是70岁的人了，再想学习恐怕太晚了吧？"

师旷回答说："您要是觉得晚了，为什么不赶快把蜡烛点起来？"

晋平公认为师旷说话很不礼貌，生气地说："我在和你说正经事，你怎么开玩笑？"

师旷这才认真地回答道："我听说，少年时期就刻苦学习的人，好像早晨的太阳，前途无量；壮年时期开始刻苦学习的人，好像是烈日当空，虽然只有半天时光，但锐气逼人；老年时期才开始学习的人，好像是蜡烛的微弱之光，虽然远远比不上太阳的光芒，但总好过在黑暗中瞎碰乱撞啊！"

晋平公听罢，点头称是。

漫长的人生路上，学习必不可少。而正所谓"活到老，学到老"，只要有坚强的意志和决心，任何年龄段的人都可以做到持续学习，持续进步。

16. 营造和谐的内部气氛

在一个群体之内,如果内部竞争太激烈,成员之间互相竞争敌视,就难以发展成一个学习型组织。成为学习型组织的先决条件是必须有和谐的内部气氛,组织内的成员才能互相分享知识。

20世纪初,英国的乡村有一套牛奶配送系统,将牛奶送到顾客门口。由于牛奶瓶没有盖子,山雀与知更鸟常常毫不费力便在顾客开门收取牛奶前,先一步享用。后来,随着厂商加装了铝制的瓶盖,山雀与知更鸟便不再拥有这"免费早餐"。但到了50年代初期,当地的所有山雀(约100万只)居然都学会了刺穿铝制瓶盖,重开"免费早餐"的大门。反观知更鸟,却只有少数学会,始终没有扩散到其余的大多数。很明显,山雀经历了组织学习的过程,借由个体的创新技能,传送给群体成员,成功地增加了族群对环境的适应力。但问题是,为什么山雀可以,而知更鸟却不能呢?生物学家发现,山雀在年幼时期,就已习惯和同类和平相处,甚至编队飞行。而知更鸟则是排他性较强的鸟类,自己的势力范围内不允许其他雄鸟进入,同类之间基本上是以敌对的方式沟通。因此,虽然两者同属鸟类,但和谐相处的山雀比起互相敌视的知更鸟,更能学习互助,进步程度更高。

有些企业的管理人误以为内部竞争越强越好,甚至刻意制造很强的竞争文化，自以为这是高明的管理手段，殊不知这样只是在带领企业步知更鸟的后尘！

17. 倚老卖老，易栽跟头

不同的意念，就会产生不同的态度。思想是何等奇妙的事，如何去想，决定权在你。喜欢倚老卖老的人，特别容易栽跟斗。

小男孩问爸爸："是不是做父亲的总比做儿子的知道得多？"

爸爸回答："当然啦！"

小男孩问："电灯是谁发明的？"

爸爸："是爱迪生。"

小男孩又问："那爱迪生的爸爸怎么没有发明电灯？"

作为管理人员，在工作中最希望看到的事情就是下属承认自己的地位，乐于接受自己的指令，并遵照执行。在这样的过程中，所体现出来的就是管理者的领导权威。然而权威往往只是一个经不起考验的空壳子，尤其在现今这个多元开放的时代。

18. 执著、创新与坚持，一样不能少

要想获得成功，要善于发现、坚持积极的东西，始终怀有不灭的梦想。有一颗百折不挠的心，是管理成功的关键一步。

一个农民，初中只读了两年，家里就没钱继续供他上学了。他辍学回家，帮父亲耕种三亩薄田。在他19岁时，父亲去世了，家庭的重担全部压在了他的肩上。他要照顾身体不好的母亲，还有一位瘫痪在床的祖母。

80年代，农田承包到户。他把一块水田挖成池塘，想养鱼。但乡里的干部告诉他，水田不能养鱼，只能种庄稼，他只好又把水塘填平。这件事成了一个笑话，在别人的眼里，他是一个想发财但又非常愚蠢的人。

听说养鸡能赚钱，他向亲戚借了500元钱，养起了鸡。但是一场洪水后，鸡得了鸡瘟，几天内全部死光。500元对别人来说可能不算什么，但对一个只靠三亩薄田生活的家庭而言，不啻天文数字。他的母亲受不了这个刺激，竟然忧郁而死。

他后来酿过酒，捕过鱼，甚至还在石矿的悬崖上帮人打过炮儿……可都没有赚到钱。

35岁的时候，他还没有娶到媳妇。因为他只有一间土屋，随时有可能在一场大雨后倒塌。娶不上老婆的男人，是没有人看得起的。

第七章
管理怎能不创新——学习与创新为组织注入活力

但他还想搏一搏，就四处借钱买了一辆手扶拖拉机。不料，上路不到半个月，这辆拖拉机就载着他冲入一条河里。他断了一条腿，成了瘸子。而那拖拉机被人捞起来时，已经支离破碎。他只能拆开它，当做废铁卖。

几乎所有的人都说他这辈子完了。

但是后来他却成了一家公司的老总，手中有两亿元的资产。现在，许多人都知道他苦难的过去和富有传奇色彩的创业经历。许多媒体采访过他，许多报告文学描述过他。但我只记得这样一个情节——

记者问他："在苦难的日子里，你凭什么一次又一次毫不退缩？"

他坐在宽大豪华的老板台后面，喝完了手里的一杯水。然后，他把玻璃杯子握在手里，反问记者："如果我松手，这只杯子会怎样？"

记者说："摔在地上，碎了。"

"那我们试试看。"他说。

他手一松，杯子掉到地上发出清脆的声音，但并没有破碎，而是完好无损。他说："即使有10个人在场，他们都会认为这只杯子必碎无疑。但是，这只杯子不是普通的玻璃杯，而是用玻璃钢制作的。"

于是，很多人记住了这段经典绝妙的对话。这样的人，即使只有一口气，他也会努力去拉住成功的手，除非上苍剥夺了他的生命。

有许多企业虽然有着创新的信念与意识，却忽略了重要步骤——执著，导致了半途而废的现象，因此，在执著的前提下，进行管理创新与坚持显得更为重要。

19. 此路不通就绕行

执著并非坏事,但也不要一味地盲目执著。明明知道前面是悬崖,难道还要美其名曰"执著得走下去"?这种情况下,不妨停下来,找准解决问题的方法后,再重新开始。

一位老和尚的身边聚拢着一帮虔诚的弟子。这一天,他嘱咐弟子每人去南山打一担柴回来。弟子们匆匆行至离山不远的河边,人人目瞪口呆。只见洪水从山上奔泻而下,无论如何也休想渡河打柴了。无功而返,弟子们都有些垂头丧气。唯独一个小和尚与师傅坦然相对。师傅问其故,小和尚从怀中掏出一个苹果,递给师傅说,过不了河,打不了柴,见河边有棵苹果树,我就顺手把树上唯一的一个苹果摘来了。后来,这位小和尚成了师傅的衣钵传人。

世上有走不完的路,也有过不了的河。过不了的河掉头而回,也是一种智慧。但真正的智慧还要在河边做一件事情:放飞思想的风筝,摘下一个"苹果"。历览古今,抱定这样一种生活信念的人,最终都实现了人生的突围和超越。

第七章
管理怎能不创新——学习与创新为组织注入活力

20. 忘记过去，一直往前看

记得随手关上身后的门，学会将过去的错误、失误通通忘记，不要沉湎于懊恼、后悔之中，一直往前看。

英国前首相劳合·乔治有一个习惯——随手关上身后的门。

有一天，乔治和朋友在院子里散步，他们每经过一扇门，乔治总是随手把门关上。"你有必要把这些门关上吗？"朋友很是纳闷。

"哦，当然有这个必要。"乔治微笑着对朋友说，"我这一生都在关我身后的门。你知道，这是必须做的事。当你关门时，也将过去的一切留在后面，不管是美好的成就，还是让人懊恼的失误，然后，你才可以重新开始。"

我们在每一天里重新诞生，每一天都是我们新生命的开始。永远激励自己向前走，不管以前有过多少荣誉和挫折，关上身后的门，一切重新开始，更能振奋人心，一步一个脚印走出一条新路来。

21. 思维不可僵化

马,本来自由自在地在山间撒野,渴了喝点山泉,累了就睡在地上晒太阳,无忧无虑。可是自从有了伯乐,马的命运就改变了,给它的头戴上笼辔,在它的背上置放鞍具,拴着它,马的死亡率已经是十之二三了;然后再逼着它运输东西,强迫它日行千里,在它的脚上钉上铁掌,马的死亡率就过半了。马本来就是毫无规矩毫无用处的动物,让它吸取日月之精化,天地之灵气,无用无为,却以享尽天年;教化它,让它懂得礼法,反而害了它的生命。

古老的未庄有一条规矩:每逢天旱全庄的人都要去龙王庙跪香,求龙王爷下雨。这招有时灵有时不灵。村里元老级的人物根生老汉说,龙王爷看村里人心诚就下雨,心不诚则不下。这年天又旱了,根生老汉又带领人跪香了。这时上边来了个工作组,说要打机井抽水浇地。村里人不相信这些人比龙王爷还厉害,照样去跪香。工作组奋战了三天三夜,终于将机井打好,帮村民浇了地。未庄人想,早先我们怎么就想不到呢?

管理并不是一成不变的,规矩有时可以对团队起到很好的约束作用,令团队保持很好的纪律性,有时却会限制团队潜力的发挥,打消员工的积极性。一个合格的管理者应懂得如何制定规矩、运用规矩、变化规矩,让规矩更好地发挥它的良性作用。

第八章

管理不是领导
——领导者需营造和谐气氛

好的管理者会把管理与领导巧妙地区分开。团队成员关系不是简单的私人关系,领导者不能光盯着目标和任务,还要善于营造一个积极、健康的团队氛围。员工一天工作8小时,一周至少有5天在单位里度过,一个和谐、互助、互相激励的团队成员关系,会让大家工作起来心情愉快,效率自然更高。

1. 请善待下属

过度强调达成目标的"工作取向型"领导,时常忘了也应该对员工付出一点关怀,结果往往得不偿失,有时连原先所设定的目标也达不到。重要的是,这样一种上下级关系更会让事情向糟糕的方向发展。

一个生意人牵着一头背上堆满货物的驴子,要赶到20公里外的集市做生意。时值正午时刻,烈日灼空,小路两旁除了过膝的狗尾草,并无可供遮阳的大树。驴子汗水淋漓,喘着大气说:"主人啊!我快热死了,可不可以让我歇一会儿再赶路啊?""畜牲,忍着点,不要偷懒!前面的集市就有新鲜的干草让你果腹,也有清凉甘美的井水可以止渴。"商人吆喝着。于是,驴子打起了精神,心想再撑一撑吧!

驴子和商人又走了5公里路,到了一个水塘旁边。驴子以哀求的口吻说道:"亲爱的主人,让我喝点水,休息一下吧!否则我就要渴死了!"生意人一听,一鞭子挥了过去,咆哮道:"时候已经不早了,再不赶路,集市就散了。这里离集市就剩下4里路,到了就让你休息。"

驴子拖着疲惫的身躯,步履蹒跚地往前走。突然,眼前一黑,两腿一栽,驴子倒在地上,气喘吁吁、口吐白沫,挣扎了几次,又重新跌回地上,再也爬不起来了。生意人拉着缰绳,忙乱地想拉起驴子,可是使尽了力气,仍然徒劳无功。最后,生意人坐在地上懊恼地说:"早知道就应该好好地善待它。赶路的结果是什么也没得到啊!"

员工的情感,是一种有待开发的人力资源。情感对员工的工作积极性以及人际关系、工作绩效具有重要的影响。成功的管理者都非常关注员工情感上的细微变化,实施恰当的感情诱导,积极满足情感需求,努力增强企业的亲合力。

在管理活动中,员工的情感一般表现为认同或抗拒两种心理倾向。从正向情感而言,它包括员工的崇高、炽热的热情,对自己的企业及其岗位的如醉如痴的深情,对企业各级组织和自己的同事的如亲如戚的亲情。所有这些构成了企业内部的感情血脉,对于企业各项工作的开展,都会起到一定的正向激励作用。当然,毋庸置疑,员工的逆向感情,诸如职业感情的弱化、上下级之间的感情隔阂、师徒之间的感情淡薄、乃至家庭邻里之间的感情纠葛,都可能影响员工的情绪,耽误企业工作。

2. 付出才有收获

要想引出井里的水,要先注入水。要想获得成功,也必须有"破釜沉舟"的精神,敢于付出一切,然后才能有丰厚的回报。

有一个人在沙漠里行走了两天。途中遇到暴风沙,一阵狂沙吹过之后,他已认不得正确的方向。正当快撑不住时,突然,他发现了一幢废弃的小屋。他拖着疲惫的身子走进了屋内。这是一间不通风的小屋子,里面堆了一些枯朽的木柴。他几近绝望地走到屋角,却意外地发现了一座压水井。

他兴奋地上前汲水,却任凭他怎么压,也压不出半滴水来。他颓然坐地,却看见压水井旁,有一个用软木塞堵住瓶口的小瓶子,瓶上贴了一张泛黄的纸条?

纸条上写着:你必须用水灌入井中才能引水!不要忘了,在你离开前,请再将水装满!

他拔开瓶塞,发现瓶子里果然装满了水!

他的内心,此时开始交战着——

如果自私点,只要将瓶子里的水喝掉,他就不会渴死,就能活着走出这间屋子!

如果照纸条做,把瓶子里唯一的水倒入井内,万一水一去不回,他就会渴死在这地方了——到底要不要冒险?

最后,他决定把瓶子里唯一的水全部灌入看起来破旧不堪的井里,然后他颤抖着去压水,只轻轻地压了几下,水真的大量涌了出来!

他将水喝足后,把瓶子装满水,用软木塞封好,然后在原来那张纸条后面,又加上了他自己的话——事实证明这句话没有错!。

付出、互助、信任,这是团队成员间保持健康关系的关键要素。譬如,把种子播下,浇水、施肥、除草、喷洒农药,然后才能收获果实。如果没有这些付出，种子就不会萌芽，更不可能结果。领导者要让团队成员之间懂得欲取先予的道理。

3. 关注你的员工

没有人高贵或威严到可以忽略周围人的地步，因为一位卑微的清洁女工和一块普通的肥皂，就能令一位大人物的心思立即脱离他的事业而产生烦恼。所以，不要把自己看得高于任何人，否则你也可能从骄傲之处往下坠，带着疼痛与伤痕离去；更因怀疑那清洁女工站在肥皂水中间露出笑容而感到难堪。或许，她当天会因为你跌倒的滑稽样子而过得更愉快。

有一位百万富翁的办公室，设在一座高层大厦的二楼。当他要上楼时，他会乘坐电梯；下楼时，则利用楼梯。

他是个傲慢的人，对于那些管理升降机、高吊在人行道上擦窗户以及烧锅炉的人，根本不屑一顾。在过圣诞节的时候，也不会给他们一只火鸡，或一点小费。

大厦有一位打扫楼梯和大厅的穷妇人，他常常从她身边经过，但直到最近才意识到她的存在。他的头向来抬得很高，心里想的尽是怎样赚更多的钱。

有一天他从办公室出来，要走下楼梯。

清洁女工正站在楼梯中央，她从最上面开始检查楼梯是否干净。

在最上面的一级阶梯有一处地方被水弄湿了,而且放着一大块肥皂,百万富翁正巧踩在上面。

富翁踩在肥皂上面的那只脚向东方日出的地方滑过去,另一只脚则快速向日落的方向滑过去。后来他跌坐在楼梯的最上一级,却没有停止在那里,他开始往下滑,但滑下的方式却非他所料,每滑一级,楼梯便发出如同打鼓般的一声闷响。

女清洁工礼貌地站在一旁,任他往下滑。

最后他由底层站起来,自忖是否应当走回大厦办公室,要求开除该名清洁女工;但他想到一旦把要求开除她的理由说出来,必会在这大厦的其他人中间传为笑谈,于是他没有说话。

但从那天起,他开始注意那位清洁女工,带着慎重的态度走过她身旁。

如果一个管理者将员工当做自己的工具来组织一个公司,那是无法营运下去的。他可以开创一个公司,雇用员工来实现他的理想,但是一旦他雇用了员工,他就必须把他们视为同事或者助手,而不是赚取利润的工具。管理者必须考虑给投资者很好的回报,但也必须考虑他的雇员,或者说他的同事,这些人帮助他保持公司的生命力,他必须对他们的工作给予报酬。投资者与雇员在同一位置上,然而有时雇员更加重要,因为他们会在公司里长期地工作下去,而投资者为了赚取利润,出于一时的想法就会离开或者加入你的公司。而你的员工的任务是在其工作生命的每一天都对公司的利益和自己的福利做出贡献。他们才是公司真正需要的人。

4. 为员工减负

领导者应明白，工作中员工承受着来自各方面的压力，积累到让他们难以承受的时候，他们就会像雪松那样弯下身来，释下重负，才能够重新挺立，避免被压断的结局。

加拿大魁北克有一条南北走向的山谷。山谷没有什么特别之处，唯一能引人注意的是它的西坡长满松、柏、洋槐等树，而东坡却只有雪松。

这一奇异景色之谜，许多人不知道答案，然而揭开这个谜的竟是一对夫妇。

那是一个冬天，这对夫妇的婚姻正濒于破裂的边缘，为了找回昔日的爱情，他们打算做一次浪漫之旅，如果能找回就继续生活，否则就友好分手。他们来到这个山谷的时候，下起了大雪，他们支起帐篷，望着满天飞舞的大雪，发现由于特殊的风向，东坡的雪总比西坡的大且密。不一会儿，雪松上就落了厚厚的一层雪。不过当雪积到一定程度，雪松那富有弹性的枝丫就会向下弯曲，直到雪从枝上滑落。这样反复地积，反复地弯，反复地落，雪松完好无损。可其他的树，却因没有这个本领，树枝被压断了。

妻子发现了这一景观，对丈夫说："东坡肯定也长过杂树，只是它们不会弯曲才被大雪摧毁了。"

少顷，两人突然明白了什么，拥抱在一起。

优秀的管理者能够曲线救"国"，如同卧薪尝胆，善于妥协和适当让步，不会因小失大，"小不忍则乱大谋"。不论谁是谁非，为此花时间去争论于事丝毫无补。如果对方顽固地坚持他的意见，不妨先屈从于他，按照他的意思行事。如果你发现这个计划完全不是你原来所设想的，也可以在以后改变主意。你越早"问路"，就越早知道如何采取行动。

5. 距离产生美

保持合适的距离，就能感受对方的温暖。上司和员工之间应保持一定距离，正如开车，得保持一定车距才会避免撞车，对别人对自己都是一种保护。

森林中有几只刺猬冻得直发抖。为了取暖，它们只好紧紧地依偎在一起，却因为忍受不了彼此的长刺，很快就各自跑开了。

可是实在冻得难受，他们又想要靠在一起取暖，然而靠在一起时的刺痛使它们又不得不再度分开。就这样，反反复复地散了又聚，聚了又散，不断在受冻与受刺两种痛苦之间挣扎。最后，刺猬们终于找出了一个适中的距离，既可以相互取暖而又不至于被彼此刺伤。

处理好上下级关系，争取并合理维护自身利益关系，要掌握好尺度，要合理。如果不讲理、无理取闹、胡搅蛮缠，必然会损坏上下级关系。

合理维护自身利益与忍耐是相对应的，也是处理上级与下属关系的一种手段。忍耐不是无限的，更不是万能的，有时必须通过一定的手段来维护自身的利益。

6. 信任是相互作用的

如果不信任别人，枪里的子弹就是留给自己的。最后一枪是作为信号引导同伴，还是射向自己的脑袋，取决于你是否信任别人。有时候，工作中正是由于我们对他人或者对整个团队存在着这样那样的不信任，才使我们失去了许多本该得到的东西。

两人结伴横穿沙漠，水喝完了，其中一个中暑生病，不能行动。剩下这个健康而又饥饿的人对同伴说："好吧，你在这里等着，我去寻找水源。"

临走前，他把手枪塞在同伴的手里说："枪里有五颗子弹，记住，三个小时后，每小时对空鸣枪一声。枪声指引我，我会找到正确的方向，然后与你会合。"

两人分手以后，一个充满信心地去找水源，一个满腹狐疑地躺在沙漠里等待。他眼睛盯着表，按时鸣枪。除了自己以外，他很难相信还会有人听见枪声。他的恐惧越来越深，一会儿他认为那同伴可能找水失败，也许中途渴死。一会儿他又相信同伴找到水，弃他而去，不再回来。

到应该鸣发第五枪的时候，这人悲愤地思量："这是最后一颗子弹了，伙伴早已听不见我的枪声，等到这颗子弹用过之后，我还有什么依靠呢？我只有等死而已。而且，在一息尚存之际，兀鹰会啄瞎我的眼睛，那是多么痛苦的事啊，还不如……"他用枪口对准自己的太阳穴，扣动了扳机。

可是几分钟后，那提着满壶清水的同伴领着一队骆驼商旅循声而至。他所找到的只是一具尸体。

管理者与员工需要彼此相信各自的正直品格、个性特点、工作能力。但是，从个人关系中不难看出，信任是脆弱的，它需要很长时间才能建立起来，却又很容易被破坏，破坏之后要恢复又很困难。另外，因为信任会带来信任，不信任会带来不信任，要维持一种信任关系就需要管理者处处留意。

有人对信任作了如下的定义：

①正直诚实、可信赖。

②具有技术参与和人际交往的能力。

③一贯可靠，行为可以预测。在处理问题时，具有较强的判断力。

④愿意为别人维护和保全面子。

⑤愿意与别人自由地分享观点和信息。

就团队成员之间的信任关系而言，研究发现，这五个维度的重要程度是相对稳定的,通常其顺序是:正直 > 能力 > 一贯 > 忠实 > 开放。而且,正直程度和能力水平是一个人判断另一个人是否值得信赖的两个最关键的特征。一般人把正直看得很重,因为如果对别人的道德品格缺乏把握,信任的其他维度就没有意义。能力水平也被看得很重,原因是团队成员为了顺利地完成各自的任务,必需要与同伴进行合作。

7. 给人方便,就是给己方便

管理实践中,给人方便,也就是给己方便、给团队方便!给别人让路,就是在给自己让路。

绅士过独木桥,刚走几步便遇到一个孕妇。绅士很礼貌地转过身回到桥头让孕妇过了桥。孕妇一过桥,绅士又走上了桥。走到桥中央又遇到了一位挑柴的樵夫,绅士二话没说,回到桥头让樵夫过了桥。第三次绅士再也不贸然上桥,而是等独木桥上的人过尽后,才匆匆上了桥。眼看就到桥头了,迎面赶来一位推独轮车的农夫。绅士这次不甘心回头,摘下帽子,向农夫致敬:"亲爱的农夫先生,你看我就要到桥头了,能不能让我先过去。"农夫不干,把眼一瞪,说:"你没看我推车赶集吗?"话不投机,两人争执起来。这时河面上浮来一叶小舟,舟上坐着一个胖和尚。和尚刚到桥下,两人不约而同地请和尚为他们评理。

和尚双手合十,看了看农夫。问他:"你真的很急吗?"农夫答道:"我真的很急,晚了便赶不上集了。"和尚说:"你既然急着去赶集,为什么不尽快给绅士让路呢?你只要退那么几步,绅士便过去了,绅士一过,你不就可以早点过桥了吗?"

农夫一言不发,和尚便笑着问绅士:"你为什么要农夫给你让路呢,就是因为你快到桥头了吗?"

绅士争辩道:"在此之前我已给许多人让了路,如果继续让农夫的话,便过不了桥了。"

"那你现在是不是就过去了呢?"和尚反问道:"你既已经给那么多人让了路,再让农夫一次,即使过不了桥,起码保持了你的风度,何乐而不为呢?"绅士满脸涨得通红。

一个成功的管理者应是一个"引导型"领导,而非一个"带领型"领导。在带领式的管理者手下工作的员工只是机械地执行命令,管理者最期盼的创造精神很难出现。引导型的领导不怕员工超过自己。众所周知,钱塘江潮颇为壮观。那一浪推一浪、一浪高一浪的潮水,发出的是撼天动地的震响。然而,钱塘江潮的层层浪不是在某个浪头的带领下产生的,而是因势而生。引导型的领导者就是要做"钱塘江河道"的挖掘者,他是江湖形成的开辟者。当河道开辟好后,他看到的便是万马奔腾的壮丽景观。

8. 记住恩惠，忘却怨恨

记住别人对自己的恩惠，忘却自己对别人的怨恨，工作起来你会快乐四溢。这是一个最简单的道理，一个最难实施的行动。作为一个领导者，如果始终把员工的失误或对自己小小的冒犯记在心头，一直耿耿于怀，想起来就愤愤不平，这样心胸狭小的管理者，便不会有成功的管理效果。

一位著名作家有一次和吉帕、玛沙两位朋友一起旅行。3人行经一处山谷时，玛沙失足滑落。幸而吉帕拼命拉他，才将他救起。玛沙于是在附近的大石头上刻下了："某年某月某日，吉帕救了马沙一命。"3人继续走了几天，来到一处河边，吉帕跟玛沙为了一件小事吵起来，吉帕一气之下打了玛沙一耳光。玛沙跑到沙滩上写下："某年某月某日，吉帕打了玛沙一耳光。"

当他们旅游回来之后，作家好奇地问玛沙为什么要把吉帕救他的事刻在石上，将吉帕打他的事写在沙上？玛沙回答："我永远都感激吉帕救我。至于他打我的事，会随着沙滩上字迹的消失，而忘得一干二净。"

与其恨别人，还不如让我们怜悯他们；与其诅咒报复别人，还不如给他谅解、同情、援助、宽容。

永远不要让愤怒遮掩理智，如果任由头脑发热，怒火中烧，失去理智，意气用事，常会害人害己，将工作置于不可追悔的地步。

9. 抱成团，才会更强大

只有形成蚁球，才能越过风浪。团结是一个团队最可贵的素质，也是一个领导者应花大力气培养的团队宝贵精神。从个人的角度讲，要想成功，就必须有一个好的人际圈子，因为仅凭一个人的能力是很难完成自己的事业的。只要有人愿意帮你，不断地给你提供各种资源，你才能有更多的成功机会。但是，人际关系的圈子是需要你来培养的，只有用真诚和爱心才能巩固起你的人际关系。也只有团结他人，你手中的力量才会更强大。

黄昏时候，洪水最终撕开了江堤。一个个小院子连成了一片汪洋。清晨，受灾的人们三三两两地站在堤上，凝望着水中的家园。

忽然，有人惊呼："看，那是什么？"

众人随着这一声惊叫向水中望去，只见一个黑点正顺着波浪漂过来，一沉一浮，像一个人！有人"哧"地跳下水去，很快就靠近了黑点，但见他只停了一下，便掉头回游，很快上了岸。

"一个蚁球。"那人说。

"蚁球？"人们不解。

说话间蚁球正漂过来，越来越近。看清了：一个小足球大的蚁球！黑黑乎乎的蚂蚁密匝匝地紧紧抱在一起。风起波涌，蚁球漂流中不断有小团蚂蚁被浪头打开，像铁器上的油漆片儿剥离开去。

人们看得惊心动魄。

蚁球靠岸了。蚁球一层层散开,像打开的登陆艇。蚁群迅速而秩序井然地一排排冲上堤岸,胜利登陆了。岸边水中仍留下了不小的一团蚁球,那是英勇的牺牲者,它们再也爬不上来了,但它们的尸体,仍然紧紧抱在一起。

通过密切合作达到目标是完成具有挑战性工作的最主要的因素。因此,团结对于团队的建设至关重要。

在建立团队时,管理者必须具有激励力。如果你知道人们之间是如何相互联系的,你就能激励团队,提高队伍的凝聚力。

管理者应该从表现你对员工的关心开始。如果你真心实意地关心你的员工并表现出来,你将会满足他们需要被别人关心这一最基本的需求。那种感觉会促使员工更加努力工作。

表现你对员工的关心并不昂贵。实际上,它不需要组织花费任何东西,它只需要付出一点点精力——给对方温暖、关爱,但它带来的回报可是出人意料的。

10. 让人一步,自己安全

有时候人不得不走独木桥,领导也一样,因为人的工作行为时刻与周围的同事和单位发生着种种联系。如果坚信"狭路相逢勇者胜",做任何事都"争先恐后,一往无前",那就可能会落得个

两败俱伤的下场，如过独木桥，两人不可能同时通过，让人一步，既给人方便，也使自己安全。只有互相谦让，才能平安走过独木桥。

从前，一高一矮两个人从一座独木桥的两端同时走向桥中间。相遇时，矮个子说："我得赶集做买卖，你让我先行吧。"高个子说："我外出多日，今日归心似箭，你就让我先行吧。"矮个子说："我去晚了，占不到地盘，做不了生意，会少赚很多钱。"高个子说："我媳妇日日盼我早回家，我恨不得现在就站在她面前，告诉她，我多么想她。""让我先过吧！"矮个子急了。高个子毫不让步："还是让我先过吧！"矮个子和高个子就这样在独木桥上争了半天，推推搡搡，一不小心双双坠落河中，被湍急的流水冲得无影无踪。

如果你一直想着别人，别人也会帮你实现计划。

当你学会了利用工作中所能够提供的一切的时候，成功就会像打开闸门的水一样尽情地沐浴着你，那些与你同行的人也一样如鱼得水。你的工作做得越顺利，你就会对越多的人充满爱心，你就越乐于给予，人们也就更乐于追随你和帮助你。如此就会形成一个良性循环。

11. 欲善人，先善己

领导者不仅要管好团队，管好员工，还要管好自己，因为一个人最难战胜的就是自己，往往管别人容易管自己难。只有打开心锁，放下思想上的包袱，才能享受工作成果。让你的团队乐起来，你也会让自己乐起来。

1924年，就在滑稽大师马可尼让那不勒斯城的人笑破肚皮的时候，让·肯特诊所里走来一位病人。

他说："大夫，我心里忧伤极了。多年来，我不愿见任何人，吃饭也没胃口，每晚入睡都要靠镇静药帮助。我怀疑我患了自闭症或什么心理疾病，我希望您能给我些指导。"

让·肯特大夫是一位著名的心理医生，他听了来者的叙述后说："自从马可尼来这儿演出，我这儿已经3天没有病人光顾了。我想，他们肯定是被马可尼逗得都忘了病痛。现在马可尼还没有走，我建议您去看看他的演出，也许他会使您快乐起来。"

来者脸上掠过一丝无奈，望着让·肯特说：

"大夫，我就是马可尼。"

作为一名领导者，我们必须发挥好表率作用。要知道，你是团队的核心，员工的眼睛都在盯着你看，所以你必须让自己做得更好，这样整个团队才能越走越好。

12. 作出适合自己的选择

每个人的工作都有好的与不好的一面，但是很多人只看到了别人好的一面，因而盲目地羡慕别人的岗位，却不知别人的岗位不一定适合自己。领导者务求使员工明白，在追求更好的过程中，不要盲目，一定要权衡利弊，并懂得珍惜你现在所拥有的。

有一块美丽的大石头，被山涧的激流冲洗得十分光洁。一天，激流开始变窄，冲力也渐渐减弱，最后，水全部退去，一滴也不存在了。

这样，石头就在陡峭的山坡上显露出来。巧的是，它正好在一座小树林的附近，那里恬静而又美丽。山坡下面是一条石子路。光洁的大石头占有特殊的地势，从那儿可以饱览许多东西。在这长满青草、开遍鲜花、充满芳香的地方，照理说，它应当感到非常幸运。

一天，它望着道路，发现人们在铺鹅卵石，使路面变得更坚硬。突然，他产生了一个让人不可思议的念头，要到下面的道路上去。

它对自己说："我在这上面和青草混在一起干什么？我应当和兄弟姐妹们生活在一起。我觉得，这样做是最正确的。"

它这样说着，冲动之下，开始行动。没有靠任何人的帮助，大石头就开始向下滚动。真巧，它一直滚到路中间才停下来，四周全是和它类似的曾经吸引它的鹅卵石。

第八章
管理不是领导——领导者需营造和谐气氛

"好极了，我就待在这儿！"

这条道路十分繁忙。铁轱辘大车从它的身上轧过，奔驰的骏马震撼着大地，强有力的马蹄铁践踏着它。还有穿着带铁钉的靴子的农民和成群的牲畜都经常光顾它。

没有多少时间，美丽的石头就遇到了许多麻烦：有的打击它，有的践踏它，有的敲去它身上的一块石片。在灰尘、泥土和牲口粪便的下面，它几乎都认不出自己的本来面目了！

被玷污的石头开始向上看了，它痛苦地望着它离开的地方。那里是多么绿，多么洁净，多么芳香和美丽哟！石头为它失去的天堂叹气，痛哭流涕，但是，一切都是枉然。

"啊，回不到山坡上去了！我永远不会再有那种安宁的日子了！对我来说，幸福再也不存在了……"

很多时候，我们所盼望的东西并不真正适合自己，可是往往为了别人的眼光，我们委屈了自己。一个人的职业生涯中，有很多这样美丽的诱惑，正如这世间有太多好看的鞋子一样，我们所选择的只是适合自己的一种。一件东西、一项职业，抑或一生的选择，并不在于它是否美丽奢华，被人羡慕，关键在于对自己是否真的合适。

在工作的道路上，怎样才能作出适合自己的选择呢？下面几点经验可供大家借鉴：

①向杰出人士请教。

②放弃"我不行"的念头。

③淡化自己的弱点和缺陷。

④看准了就要走到底。

13. 人和万事兴

居功是团队的杀手，人和才能万事兴。领导者如果容许甚或助长不和睦的苗头，勤奋、忠诚、创新，一切都将成为陪衬。

三个和尚在破落的庙宇里相遇。"这个庙为什么一片荒废凄凉呢？"甲和尚触景随口提出这个问题。"一定是和尚不虔诚，所以诸神不灵。"乙和尚说。"一定是和尚不勤劳，所以庙产不修。"丙和尚说。"一定是和尚不敬谨，所以信徒不多。"甲和尚说。三人你一言我一语，最后决定留下来各尽所能，看看能不能够成功地拯救此庙。于是甲和尚恭谨地化缘招呼，乙和尚诵经礼佛，丙和尚殷勤打扫。果然香火渐盛，朝拜的信徒络绎而来，而原来的庙宇也再度恢复了兴旺的旧观。"都是因为我四处化缘，所以信徒大增。"甲和尚说。"都是因为我虚心礼佛，所以菩萨才显灵。"乙和尚说。"都是因为我勤加整理，所以庙产焕然一新。"丙和尚说。三人为此日夜争执不休，庙里的盛况又逐渐一落千丈。分道扬镳的那一天，他们总算得出一致的结论：这庙之所以荒废，既非和尚不虔诚，也不是和尚不勤劳，更非和尚不敬谨，而是和尚不和睦。

当我们用观念影响他人的时候，我们首先应该侧重于他人的需要，而不是我们自己。如果你想使某个人满足你的需求，你就得搞清楚他想要什么，用他的利益来提高你的利益，以此来达到目的。因为，你和他总是有区别的。

第八章
管理不是领导——领导者需营造和谐气氛

14. 管理者应有点雅量

易怒者大都属于气质类型中的胆汁质的人。胆汁质的人直率热情，容易冲动，情绪变化快。易怒还与年龄有关，青年人年轻气盛，情绪不稳定，自我控制能力差，比成年人更易发怒。

有一次，成吉思汗带着一帮人出去打猎。他们一大早便出发，可是到了中午仍没有收获，只好意兴阑珊地返回帐篷。成吉思汗心有不甘，便又带着皮袋，弓箭以及心爱的飞鹰，独自一人走回山上。烈日当空，他沿着羊肠小道向山上走去，一直走了好长时间，口渴的感觉越来越重，但他找不到任何水源。良久，他来到了一个山谷，见有细水从上面一滴一滴地流下来。成吉思汗非常高兴，就从皮袋里取出一只金属杯子，耐着性子用杯去接一滴一滴流下来的水。好不容易当水接到七八分满时，他高兴地把杯子拿到嘴边，想把水喝下去。就在这时，一股疾风猛然地把杯子从他手里打了下来。将到口边的水被弄洒了，成吉思汗不禁又急又怒。他抬头看见自己的爱鹰在头顶上盘旋，才知道是它捣的鬼。尽管他非常生气，却又无可奈何，只好拿起杯子重新接水喝。当水再次接到七八分满时，又有一股疾风把水杯弄翻了。又是他的爱鹰干的好事！成吉思汗顿生报复心："好！你这只老鹰既然不知好歹，专给我找麻烦，那我就好好整治一下你这家伙！"于是，成吉思汗一声不响地抬起水杯，再从头

接着一滴滴的水。当水接到七八分满时,他悄悄取出尖刀,拿在手中,然后把杯子慢慢地移近嘴边。老鹰再次向他飞来,成吉思汗迅速拿出尖刀,把鹰杀死了。不过,由于他的注意力过分集中在杀老鹰上面,却疏忽了手中的杯子,因此杯子掉进了山谷里。成吉思汗无法再接水喝了,不过他想到:既然有水从山上滴下来,那么上面也许有蓄水的地方,很可能是湖泊或山泉。于是他拼尽气力向上爬。他终于攀上了山顶,发现那里果然有一个蓄水的池塘。成吉思汗兴奋极了,立即弯下身子想要喝个饱。忽然,他看见池边有一条大毒蛇的尸体,这时才恍然大悟:"原来飞鹰救了我一命,正因为它刚才屡屡打翻我杯子里的水,才使我没有喝下被毒蛇污染了的水。"成吉思汗在盛怒之下杀死了心爱的飞鹰,明白了事情的真相后后悔莫及。如果他能忍住一时的怒气……但是没有"如果"。世上没有后悔药,所以在考虑好后果前,不要在怒火中作出决定。

作为管理者应当有一点儿"雅量",即容人之量,要"待人宽,责己严",不要动辄指责怪罪别人。因区区小事而对员工发脾气,是极不礼貌的行为。你发了火,泄了气,痛快了,可这种痛快是建立在别人的痛苦之上,如果把你调个位置,有人对你大发脾气,你会怎么想?作为管理者一定要"制怒",一定要换位思考。所以,一个时时想着别人,处处体谅别人的人,即使自己心中不快,也不会迁怒于人,更不会把自己的不愉快强加给别人。冲动,易发脾气,主要造成三个问题:第一,与易冲动的人打交道,说话做事得非常小心,说不定你的某一个词语或一个手势就会触犯他的忌讳,造成沟通障碍;第二,易冲动对于冲动者本人也没有好处。很多人事前反复告诫自己，哪些话不要说，哪些事不要做，可是一到节骨眼儿上，还是忍不住说了不该说的话或做了不该做的事，事后又懊悔不已；第三，发怒时极易丧失理智，轻则易出言不逊，影响人际关系，重则伤人毁物，有时还会造成难以挽回的损失。所以发脾气并不能使问题得到解决，反而会增加新的矛盾，一定要三思而后行。

15. 疏导下属的情绪

下属闹情绪、有怨言的时候，作为管理者，要设法疏导，千万不能不顾员工的感情，依靠权力硬性压制。比较适当的做法是：动动脑筋，采取一定的方法进行疏导，转移下属的注意力。这样，就能避免长期积怨，在预料不到的时候突然爆发，给工作造成损失，彼此造成伤害。

古时候的人们，都利用脚力极佳的骡子来驮运笨重的货物。骡子的体力虽然很好，但也有着要命的缺点——就是传说中的骡子脾气。

一头骡子若是扭了性子，它的四只脚便会像钉了钉子一样，固定在地面，一动也不动；无论主人怎样使劲鞭打，骡子还是坚持它固执的脾气，一步也不肯向前走。这天，一位老和尚和小徒弟就遇到了这样的情况。小和尚面对着不肯迈步的骡子，高高举起了鞭子。老和尚赶忙制止了他："慢！慢！每当骡子闹脾气时，有经验的主

人,不会拿鞭子打它,那样只会让情况更加严重。"小和尚忙问:"那该怎么办呢?"老和尚说:"你可以运用智慧——从地上抓起一把泥土,塞进骡子的嘴巴里。"小和尚好奇地问:"骡子吃了泥土,就会乖乖地继续往前走了吗?"老和尚摇头道:"不是这样的,骡子会很快地把满嘴的泥沙吐个干净;然后,在主人的驱赶下,才会往前走。"小和尚诧异地说:"怎么会这样?"老和尚微笑着解释道:"道理很简单,骡子忙着处理口中的泥土,便会忘了自己刚刚生气的原因。这种塞泥土的做法,只不过是转移它的注意力罢了!这个方法用在骡子身上有效;同样也适用于人发脾气的时候……"

　　管理者在日常管理中,难免会遇到不满意和充满抱怨的下属,此时,正确的做法不应该是压制,强行让下属服从;也不应该漠视,不管下属有多少怨气,采取听之任之的态度。企业应建立一种轻松的氛围,让员工敢于把自己的意见说出来。再能干的管理者,也要借助他人的智慧。在某一方面,说不定下属比上司更有经验,而这时如果对他们的建议不加以重视,不仅会造成管理者决策失误,还会挫伤下属的积极性。因此,管理者与下属之间要建立一种诚信关系,并由这种关系促使下属带着责任感去工作,而不是消极地服从。国际知名企业的领导人,大多也是从谏如流的管理者,世界首富、微软公司主席和首席软件设计师比尔·盖茨鼓励员工畅所欲言,对公司的发展、存在的问题,甚至上司的缺点,毫无保留地提出批评、建议或提案。他说:"如果人人都能提出建议,就说明人人都在关心公司,公司才会有前途。"人称"经营之神"的松下电器公司前总经理松下幸之助有句口头禅:"让员工把不满讲出来。"他的这一做法，使管理工作多了快乐，少了烦恼；人际关系多了和谐，少了矛盾；上下级之间多了沟通，少了隔阂；公司与员工之间多了理解，少了对抗……

16. 尊重你的员工

　　许多领导者在分配给下属工作时，把下属当成一台机器一样看待。只告诉下属要做什么，其余的什么都不说，导致下属不知工作分量的轻重，结果不知自己到底做得怎么样，根本谈不上有任何成就感。因此对工作也就失去了干劲。

　　楚国有个好吃懒做的人，他整天想着怎样不出力气，或者少出点儿力就可以捡到大便宜的窍门。他想，养蜜蜂的人能得到蜂蜜，养鱼鹰的人能得到鱼，我为什么不养些猴子呢？猴子会采果子呵！

　　于是，他买了一群猴子，把它们关在一所空房子里，又买了很多装果子用的篓子，教猴子扛篓子。他手拿皮鞭，严加训练。然后又买了许多果子教猴子装篓子，哪个猴子毛手毛脚地吃上一口果子，或者把果子碰伤了，他便举起皮鞭，乱抽一顿。没多久，便把猴子整治得服服帖帖了。这时，他才把猴子放到山里，去给他采果子。

　　不错，猴子们挺驯服，每天早出晚归，背驮肩扛地给他采来各种各样的鲜果。他只要把这些鲜果拿到集市上卖出去就行了。从此他的日子过得宽宽松松，逍遥自在。

这个不劳而获的人很苛刻，他每天早上把猴子赶上山去采果子，不管采下多少果子，每只猴子只发给一个。猴子们劳累一天，一个果子怎么能吃饱肚子呢？

猴子们对主人的苛刻虐待很反感，但谁也不敢吭声，因为它们知道皮鞭的味道。

这天，猴子们照常上山去采果子，虽然肚子空空的，但受过训练，采下果子来只往篓子里装，不敢往嘴里放。他们饿极了，主人又不在面前，有一个大胆点儿的，便吃起果子来，其他的猴子看见了，都一直咽口水。后来，实在耐不住了，也学着它的样子吃起来了。

一个野生老猴子看见它们这般模样，不禁大笑起来："猴儿们，这都是野生野长的果子，放心大胆地吃吧，看你们被人整治得没一点儿猴性了，吃吧，吃吧。"

猴子们互相看看，也七嘴八舌地吱哇起来："这果子不是主人的，谁都可以采，谁都可以吃。""主人懒得上山来；他又看不见，咱们放开肚子吃呗。"

它们边吃边议论："敢情在这山上采果子的权利，不单是只有主人才有呀！""我原来还以为是主人养活咱们呢，现在才弄明白是咱们养活他呀！""山是大自然的山，谁都可以上山来，果是野生的果，谁都可以摘。他懒得劳动，鞭打咱们给他干活，咱们何必受他的折磨呢？""可不是吗？我们是自找苦吃！"

猴子们长时间挨饿，吃饱后一个个东倒西歪地睡着了。一觉醒来，太阳已快落山了，篓子里还没有装满呢。

一个小猴子说："今天回去，保准得吃皮鞭，哼，就是吃皮鞭，

第八章
管理不是领导——领导者需营造和谐气氛

我也不给他干活了，我要和他讲理！"另一个小猴子说："主人从来不讲理，咱们要不给他干活，他会把咱们再卖掉！"大伙儿抓耳挠腮，扑闪着眼睛，一时不晓得该怎样是好。

还是老一点的猴子精灵，它说："干吗要回去呢？这大山没有头，森林没有边，到哪里没有我们吃的果子？生活的路就在我们脚下，我们应该当机立断，立刻离开这里！"那个野生的老猴儿又插话了："这就对了，走，一块走哇！"

大伙儿一个个扔掉手里的篓子，欢跳着，嘻笑着，钻进那无边无际的山林里去了。

那个主人到了晚上，左等右等不见猴子们回来，到山上一看，除了横躺竖倒的篓子以外，一个猴儿也不见了。他气坏了，但仍旧好吃懒做。后来，他终于饿死在自己的床上了。

现在不少领导者普遍反映人难管，最根本的原因是没有摆正领导者与员工的关系造成的。许多员工毫无条件地信任公司，将他的一生奉献给公司，唯一的希望就是当公司赚钱时，能够分一些给员工。可是当公司遇到困难时，公司就毫不犹豫就抛弃这些员工；有些更可恶的公司居然不事先告知，早上员工上班时才通知"今天是最后一天"！企业没有尊重员工，无视员工的正当利益，自然得不到员工的忠诚。

领导者必须从"员工靠老板"的思想转变为"老板靠员工"。没有员工，就没有老板。要从内心深处想通这个问题，否则就容易产生碰撞和矛盾。其实员工只要在一个和谐、公正、公平、进取、团结的团队里工作，他就开心，就精神舒畅。但很多企业的企业文

化缺乏人性化，企业领导的管理风格强硬化、观念僵硬化，和现代企业要求的以人为本，事事尊重人的需求，处处调动人的积极性，实现人的自我价值为中心的管理原则相背离。

17. 满足下属的成就感

成就感，不是生命中额外的享受，而是保护生命力的根本因素，当管理者能在工作上充分满足部属的成就感之时，也才能够真正激发并延续他们旺盛的生命力，进而将个人的命运与公司竞争力紧密结合，增进工作效能。

某户人家养着一只小狗，有一天，小狗忽然走失了，这户人家马上报了警，盼望能找回小狗。几天后，小狗被好心人士找到了，并且将它送到警察局，警察立刻通知了这家人。在等待主人到来的空隙，警察突然发现这只小狗不但没有欢喜的神情，反而悲伤地流泪。警察相当好奇，低头问小狗："虽然走丢了，现在好不容易可以回家，应该高高兴兴的，怎么还流泪呢？"

小狗回答："警察先生啊，你有所不知，我是离家出走的！"

警察吃惊地回道："你家主人虐待你吗？为什么要离家呢？"

小狗悲伤地说："我在主人家已经待了好多年，从一开始就负责家人的安全，平时看门，偶尔四处走走，看看有没有陌生人闯入，一直很尽忠职守地执行我的工作，当然主人也感觉到了，平时见到我会摸摸我、拍拍我,一有假日也会带我出去散散步。那种保护一家人的成就感,那种受重视、疼爱的感觉,让我更加提醒自己,好好照顾这一家人。直到有一天……""怎么样?"警察关心地问道。"有一天家里请来几个工人,在门口装了防盗器,从此我失业了,看门不再是我的职责,家人也不需我保护了,整天无所事事,对家庭一点用都没有。虽然主人还是一样地饲养我,但是实在受不了这种受冷落的感觉,所以才会离家出走,宁愿过着流浪的日子。"

这个短短的故事,在管理学上能带给我们深刻的思考。一些管理者总以为自己已经给了下属丰厚的薪酬,他们就没有理由再有什么不满和怨言了,但更多的情况下,组织成员不会因为获得了丰厚的回报就减弱了对荣誉感和成就感的追求。金钱并不能持久地起到激励作用,因为人们更渴望获得尊重、成长和自我价值的实现。

18. 从错误中发现成功的契机

工作中出现错误,这很正常,难能可贵的是从错误中发现成功的契机。换一种思维,从错误中看到成功,那么错误也就成了我们的老师。

美国有一位药剂师,他研究出一种治疗头痛的药。配好药料,准备用水化制成糖浆,没料到一不留神错把苏打水当白开水冲了下

去,"糖浆"冒起了气泡。他尝了尝,还别有一番风味。从此,被称为"美国之梦"并长期雄踞世界市场的碳酸饮料——可口可乐,就这样因"错"而生了。

体育课上,一个学生被老师点名去跳高。由于当时正在走神儿,这个学生匆忙中奔向横杆,情急之下忘记了老师刚刚讲过的跳高要领,结果是背对着横杆,跃了过去。当他落在沙坑里的时候,同学们哄然大笑。只有体育老师没有笑,他并没有责怪这位同学的跳法错误,相反却鼓励他去练习这种独特的跳高方法。经过几年的训练,他跃过了2.24米的高度,打破了当年的奥运会纪录。背越式跳高技术从此一鸣惊人天下知。

优秀的管理者应该时刻抱有持续改善的思想,发掘被管理者的智慧,走出制度迷信或制度依赖的误区,不断找出有利于管理员工和员工自主管理的机制和方法。

19. 爱的力量

人类在探索太空、征服自然后,将会发现自己还有一股更大的能力,那就是爱的力量,当这天来临时,人类文明将迈向一个新的纪元。领导者不但要依靠组织赋予的权力来管理团队成员,还要学会用爱的力量感召他们。

25年前,有位教社会学的大学教授,曾叫班上的学生到贫民窟

第八章
管理不是领导——领导者需营造和谐气氛

调查200名男孩的成长背景和生活环境，并对他们未来的发展作一下评估，每个学生的结论都是"他们毫无出头的机会"。

25年后，另一位教授发现了这份研究，他叫学生作后续调查，看看昔日这些男孩今天是何状况。结果显示除了有20名男孩搬离或过世，剩下的180名中有176名成就非凡，其中担任律师、医生或商人的比比皆是。

这位教授在惊讶之余，决定深入调查此事。他拜访了当年曾受评估的人，向他们请教同一个问题，"你今日会成功的最大原因是什么？"结果他们都不约而同地回答：

"因为我遇到了一位好老师。"

这位老师目前仍健在，虽然年迈，但还是耳聪目明。教授找到她后，问她到底有何绝招能让这些在贫民窟长大的孩子个个出人头地。

这位老太太眼中闪着慈祥的光芒，嘴角带着微笑回答道："其实也没什么，我爱这些孩子。"

随处播撒你的爱心，就从对你的家人开始，多一分关爱给你的孩子、你的另一半、你的邻居，让每个接近你的人都有如沐春风的感觉。给别人一个关怀的眼神，一个灿烂的微笑，一个温暖的拥抱。

20. 让团队充满爱

爱可以消融一切矛盾，爱可以给人信心和力量，爱可以带来财富和成功。在企业管理中，处于同一团队的每个经理、每个业务员如果以爱来做事业，那么有哪个竞争对手能够战胜你呢？

有位妇人走到屋外，看见前院坐着三位长着白胡须的老人，她并不认识他们。于是说："我想我并不认识你们，不过你们应该饿了，请进来吃点东西吧。""家里的男主人在吗？"老人们问。

"不在，"妇人说，"他出去了"

"那我们不能进去。"老人们回答。

傍晚当她的丈夫回家后，妇人告诉丈夫事情的经过。

"去告诉他们我在家里了，并邀请他们进来！"妇人走出去邀请三位老人进屋。

"我们不可以一起进入一个房屋内。"老人们回答说。

"为什么呢？"妇人想要了解。

其中一位老人解释说："他的名字是财富。"他指着一位他的朋友说。

然后又指着另外一位说："他是成功，而我呢，是爱。"

接着又补充说："你现在进去跟你丈夫讨论一下，要我们其中的哪一位到你们的家里。"

第八章
管理不是领导——领导者需营造和谐气氛

妇人进去告诉她丈夫刚刚的谈话内容。

她丈夫非常高兴:"原来是这么一回事啊!让我们邀请财富进来。"

妇人并不同意,说道:"亲爱的,我们何不邀请成功进来呢?"

他们的儿媳妇在屋内的另一个角落聆听他们的谈话。并给出自己的建议:"我们邀请爱进来不是更好吗?"

丈夫对其太太说:"就让我们照儿媳妇的意思做吧!快去邀请爱来做客。"

妇人到屋外问那三个老者:"请问哪位是爱?"

爱起身朝屋子走去,另外两个也跟着他一起进去。

妇人惊讶地问财富和成功:"我只邀请爱,怎么连你们也一道进来了呢?"

老者齐声回答:"如果你们邀请的是财富和成功,另外两人都不会跟进,而你邀请的是爱,那么无论爱走到哪里,我们都会跟随,哪有爱,哪就有财富和成功。"

爱可以消融一切矛盾,爱可以带来财富和成功。在企业管理中,处于同一团队的每个经理、每个业务员如果以爱来做事业,那么有哪个竞争对手能够战胜你呢?

21. 培养自己的影响力

管理者的影响力,就是管理者在领导活动中,有效地影响和改变被领导者的心理与行为,使之纳入群体活动目标轨道的能力;也就是管理者的状况和行为在被领导者身上产生的心理效应。任何领导活动都是在管理者与被领导者的相互作用中进行的。在管理者与被领导者的关系中,管理者起主导作用。管理者如果不能影响或改变被领导者的心理和行为,就很难发挥领导功能,群体目标也很难达到。

管理者之所以能发挥其影响力,除了社会分工的需要、管理者的自身因素之外,很重要的是在社会个体中存在着对领导的心理需要,这些心理的总和,构成了实现领导影响力的社会心理基础。

陈阿土是台湾的农民,从来没有出过远门。攒了半辈子的钱,终于参加了一个旅游团。

旅行中的一切都是非常新鲜的,关键是陈阿土参加的是豪华团,一个人住一个标准间,这让他新奇不已。

早晨,服务生来敲门送早餐时大声说道:"Good morning, Sir!"

陈阿土愣住了。这是什么意思呢?在自己的家乡,一般陌生的人见面都会问:"您贵姓?"

于是陈阿土大声叫道:"我叫陈阿土!"

如是这般,连着三天,都是那个服务生来敲门,每天都大声说:"Good morning, Sir!"而陈阿土亦大声回道:"我叫陈阿土!"

但他非常生气。这个服务生也太笨了,天天问自己叫什么,告诉他又记不住,很烦的。终于他忍不住去问导游"Good morning, Sir"是什么意思,导游告诉了他。天啊,真是丢脸死了!

陈阿土反复练习"Good morning, Sir"这句话,以便能体面地应对服务生。

又一天的早晨,服务生照常来敲门,门一开陈阿土就大声叫道:"Good morning, Sir!"

与此同时,服务生叫的是:"我是陈阿土!"

人与人交往,常常是意志力与意志力的较量。不是你影响他,就是他影响你。作为管理者,一定要培养自己的影响力,只有影响力大的人才可以成为最强者。

22. 不做"棒打鸳鸯"之事

成功的企业管理者都善于建立健全有序合情合理的沟通机制,积极妥善处理各种矛盾,营造企业员工的和谐关系,这样才会让员工把企业当事业,把公司当做自己的家。

日本某公司有一名叫田中的工程师,他在公司工作好多年了,对他来说,公司就是家,因为连他美满的婚姻都是公司为他解

决的。

原来，该公司内设了一个专门为职员架设"鹊桥"的"婚姻介绍所"。田中刚进公司，便在同事的鼓动下，把学历、爱好、家庭背景、身高、体重等资料输入"鹊桥"电脑网络。后来，同在该公司当接线员的福泽惠子从电脑上看中了他，走进了田中的生活。他们约会不到一年，在公司"月下老"的操办下便结为夫妇，而来宾中70%都是田中夫妇的同事。

公司的人力资源管理人员说："这样做还能起到稳定员工、增强企业凝聚力的作用。"

在大多数企业都有不成文的规矩，即禁止内部员工恋爱。其实，这种做法是不合法，也不可取的。如果一个人能在公司中体味到如家般的气氛，他便会安心，士气在无形中就增高了。这样的管理成效是一般意义的奖金、晋升所无法比及的。反之，"棒打鸳鸯"只能导致军心涣散，让员工对组织感到寒心。获得如此待遇的员工即便留下，也会"身在曹营心在汉"！

23. 管人先管己

不要错误地诠释别人的好意，那只会让自己吃亏，并且使别人受辱。在不明所以之前，先学会按捺情绪，耐心观察，以免事后生发悔意。

> 第八章
> 管理不是领导——领导者需营造和谐气氛

甲：新搬来的邻居好可恶，昨天晚上三更半夜、夜深人静之时贸跑来猛按我家的门铃。

乙：的确可恶！你有没有马上报警？

甲：没有。我当他们是疯子，继续吹我的小喇叭。

这不结了！事出必有因，如果能先看到自己的不是，答案就会不一样。在你面对冲突和争执时，先想一想是否心中有愧，或许很快就能释怀了。

24. 成功者创造机会

如果别人工作你也工作，别人休息你也休息，别人娱乐你也娱乐。那么别人得到什么，你也只能得到什么，要想得到别人得不到的东西，就得付出别人不愿付出的东西。尤其是在你还年轻的时候，还有为自己创造机会的精力。

A在合资公司做白领，觉得自己满腔抱负没有得到上级的赏识，经常想：如果有一天能见到老总，有机会展示一下自己的才干就好了！

A的同事B，也有同样的想法，他更进一步，去打听老总上下班的时间，算好他大概会在何时进电梯，他也在这个时候去坐电梯，希望能遇到老总，有机会可以打个招呼。

他们的同事 C 更进一步。他详细了解老总的奋斗历程，弄清老总毕业的学校、人际风格、关心的问题，精心设计了几句简单却有分量的开场白，在算好的时间去乘坐电梯，跟老总打过几次招呼后，终于有一天跟老总长谈了一次，不久就争取到了更好的职位。

愚者错失机会，智者善抓机会，成功者创造机会。机会只给准备好的人，这准备二字，并非说说而已。

25. 成功绝非偶然

许多人的成功看起来是纯属偶然，其实，仔细探究就会发现这些人的成功绝不是偶然得来的。他们的成功是在经过大量的无怨无悔的付出以后才必然得到的。少抱怨，比别人多付出一份汗水，就意味着比别人多积累一份资本。不要小瞧自己比别人多付出的那一份汗水，它也许就会改变你的一生。

A 对 B 说："我要离开这个公司。我恨这个公司！"

B 建议道："我举双手赞成！不过你现在离开，还不是最好的时机。"

A 问："为什么？"

B 说："如果你现在走，公司的损失并不大。你应该趁着在公司的机会，拼命去为自己拉一些客户，成为公司独当一面的人物，然

第八章
管理不是领导——领导者需营造和谐气氛

后带着这些客户突然离开公司，公司才会受到重大损失，工作会非常被动。"

A 觉得 B 说的非常在理。于是努力工作，事遂所愿，半年多的努力工作后，他有了许多的忠实客户。

再见面时 B 问 A："现在是时机了，要跳赶快行动哦！"

A 淡然笑道："老总跟我长谈过，准备升我做总经理助理，我暂时没有离开的打算了。"

其实这也正是 B 的初衷。

只有付出大于得到，让老板真正看到你的能力大于位置，才会给你更多的机会。

26. 生活何必太紧张？

在现代社会里，紧张的生活节奏、匆忙的步伐让我们的神经时刻处于高度紧张状态。因此，很多人都经常担心这担心那，结果把自己的生活弄得一团糟。放轻松些，生活何必太紧张？事情既然已经发生了，何不坦然自在地面对。担心不如宽心，穷紧张不如穷开心。

有一位公司职员，一天觉得自己好像生病了，就去图书馆借了一本医学手册，看该怎样治自己的病。他一口气读完了该读的内容，然后又继续读下去。当他读完介绍霍乱的时候，方才明白，自己患

299

霍乱已经几个月了。他被吓住了,痴呆呆地坐了好几分钟。

后来,他很想知道自己还患有什么病,就依次读完了整本医学手册。这下可明白了,除了膝盖积水症外,自己一身什么病都有!

他非常紧张,在屋子里来回踱步。他认为:"医学院的学生们,用不着去医院实习了,我这个人就是一个各种病例都齐备的医院,他们只要对我进行诊断治疗,然后就可以得到毕业证书了。"

他迫不及待地想弄清楚自己到底还能活多久!于是就搞了一次自我诊断:先动手找脉搏,起初连脉搏都没有找到!后来才突然发现,一分钟跳140次!接着又去找自己的心脏,但无论如何也找不到!他感到万分恐惧,最后他认为,心脏总会在它应在的地方,只不过自己没找到罢了……

他往图书馆走时,觉得自己是个幸福的人,而当他走出图书馆时,却被自己营造的"心理牢笼"所监禁,完全变成了一个全身都有病的老头。

他决定去找自己的医生,一进医生的家门,他就说:"亲爱的朋友!我不给你讲我有哪些病,只说一下没有什么病,我的命不会长了!我只是没有害膝盖积水症。"

医生给他作了诊断,坐在桌边,在纸上写了些字就递给了他。

他顾不上看处方,就塞进口袋,立刻去取药。赶到药店,他匆匆把处方递给药剂师,药剂师看了一眼就退给他说:"这是药店,不是食品店,也不是饭店。"

他很惊奇地望了药剂师一眼,拿回处方一看,原来上面写的是:煎牛排一份,啤酒一瓶,六小时一次。十英里路程,每天早上一次。

第八章
管理不是领导——领导者需营造和谐气氛

他照这样做了,一直健康地活到现在。

有人说"担心是很有必要的"。这句话只说对了一半,我们应该明白,偶尔为某件事担心是正常的。但如果一天到晚总是为那些不可能发生的事情担心,则会给自己的心灵增加负担。心理负担过重,精神就会崩溃,这样疾病就真的会找上门来。所以,担心不如宽心,既然事情没有发生,何不放松心情坦然地面对生活?